Sinah Birkner



# Kreative SELBST-FÜRSORGE

## Schöpferische Auszeiten für einen freien Kopf, mehr Selbstliebe und innere Gelassenheit

# INHALT

Herzlich willkommen ........ 4

WIESO, WESHALB, WARUM KREATIVE SELBSTFÜRSORGE: DIE THEORIE

Bausteine der gesunden Selbstfürsorge ........ 10

Zeit für dich ........ 12

Möglichkeiten der Veränderung ........ 13

Keine Selbstoptimierung ........ 16

IN DIE UMSETZUNG KOMMEN: DIE ÜBUNGEN

So geht's: Tipps für die Übungen ........ 20

1. ACHTSAMKEIT: MINDFUL ODER MIND FULL?

Achtsam sehen ........ 24

Ruhe herbei malen ........ 28

Gedanken aus dem Kopf schreiben ........ 32

Kraft in der Ruhe finden ........ 36

Einatmen, ausatmen ........ 38

Mit Mustern meditieren ........ 42

2. GUT FÜHLEN: SICH GUT FÜHLEN ODER GUT FÜHLEN KÖNNEN?

Malend fühlen ........ 51

Seelische Grundbedürfnisse stärken ........ 56

Positive Emotionen aktivieren ........ 60
Das Bauchgefühl trainieren ........ 64
Ein positives Selbstbild etablieren ........ 70
Stärken visualisieren ........ 74

## 3. PERSPEKTIVE WECHSELN: WELCHE BRILLE DARF ES SEIN?

Glaubenssätze umformulieren ........ 80
Anspannung mit Entspannung lösen ........ 84
Im Chaos etwas erkennen ........ 88
Sich in andere hineinversetzen ........ 90
Die Komfortzone verlassen ........ 94
Den Fokus lenken ........ 98
Bekanntes neu bewerten ........ 102
Die Relevanz hinterfragen ........ 110

Wie geht es jetzt weiter? ........ 116
Über die Autorin ........ 122

Buchempfehlungen ........ 124
Über den Verlag ........ 126
Impressum ........ 128

# Herzlich Willkommen!

„Nimm dir ‚Me-Time'." – „Sei gut zu dir selbst." – „Du bist deines Glückes Schmied." – „Sei dir selbst deine beste Freundin."

Solche Sprüche kennen wir alle, wir haben sie schon tausende Male gehört oder gelesen, auf Postkarten, als guter Rat oder in den Weiten der Selbstfürsorge-Tipps und -Tricks im Internet. Ein Teil von dir weiß, dass da bestimmt was Wahres dran ist, und es klingt ja auch verlockend! Der andere Teil aber denkt: „Boah, dieses Selfcare-Thema ist erstens überbewertet, zweitens nicht umsetzbar und drittens irgendwie doch auch ziemlich egoistisch."

Selbstfürsorge oder auch schlicht das „Auf-sich-Achten" beschäftigt dich im Alltag mehr, als dir vielleicht bewusst ist: von den rein körperlichen Bedürfnissen – ja, auch Essen, Schlafen, Hygiene etc. gehört zur Selbstfürsorge – über Hobbys, die dir gut tun, bis hin zu Pausen, die du einlegst oder eben auch nicht, wenn dein Energie-Tank leer ist oder dir einfach alles zu viel wird.

Oft wird das Thema erst relevant, wenn du ganz eindeutig aufgezeigt bekommst, dass da etwas schiefläuft. Der Stress im Alltag nimmt überhand, die Grübelgedanken drehen ununterbrochen ihre Kreise, es hat sich eine latente Erschöpfung oder Leere breitgemacht und von dem Gefühl, in deiner Mitte zu sein, bist du meilenweit entfernt. Du fragst dich, wann du eigentlich das letzte Mal eine echte Leichtigkeit in deinem Alltag verspürt hast. Das alles sind Indizien, dass es allerhöchste Eisenbahn ist, etwas zu verändern!

*Nein, Selbstfürsorge heißt nicht, dir eine Gesichtsmaske zu machen und dich in die Badewanne zu legen.*

Auf dich selbst zu achten und bewusst dafür zu sorgen, dass du wieder zu mehr Ausgeglichenheit und Leichtigkeit kommst, muss nicht hoch komplex sein. Aber ganz so einfach wie „einfach mal ein Bad einlassen“ ist es dann auch wieder nicht. Denn das Thema ist vielschichtig und individuell. Die erste gute Nachricht: Es darf dir auf dem Weg schon Spaß und Freude bereiten und sich richtig gut anfühlen!

Um dir die wichtigsten Eckpfeiler aufzuzeigen und dir Möglichkeiten an die Hand zu geben, um in kleinen Schritten und mit einer großen Portion Kreativität direkt in die Umsetzung zu kommen, ist dieses Buch entstanden. Denn jedes theoretische Wissen bringt dir letztendlich rein gar nichts, wenn du nicht ins Tun kommst. Erst wenn du dir Zeit nimmst zu lernen, zu verstehen und auszuprobieren, wirst du merken, wie du selbst auf wundersame Art und Weise so vieles beeinflussen kannst – deinen Umgang mit Stress, deine Gedanken und deine Gefühlswelt. Und dabei geht es nicht darum, dein Leben leistungsgetrieben zu optimieren!

Auch wenn mich das „In-meiner-Mitte-sein-Gefühl“ schon mein Leben lang fasziniert, habe ich erst über die Jahre gelernt, was das eigentlich für mich konkret bedeutet. Dass es auch dazugehört, sich von dem Wunschdenken zu verabschieden, durchgehend ausgeglichen zu sein und wie ein Honigkuchenpferd durch den Alltag zu tanzen. Dass es vielmehr darum geht, die Wellen des Lebens bewusst zu reiten und mit einem achtsamen Blick und kreativen Techniken mich selbst darin zu unterstützen, immer wieder zu innerer Ruhe zurückzufinden.

In den letzten Jahren habe ich hunderte Menschen in Kursen, Mentorings und Coachings auf ihrer Reise zu diesem Ziel begleitet und dabei immer wieder erfahren, wie unterschiedlich wir alle sind, aber wie gleich am Ende doch auch unsere inneren Bedürfnisse sind.

Um diese Bedürfnisse mehr ans Licht zu bringen und dir erste Werkzeuge an die Hand zu geben, wie du mit ihnen umgehst, sind die folgenden Übungen entstanden. Als Coach (nach emTrace®) für emotionale Leichtigkeit und innere Ausgeglichenheit sowie mit meinem Hintergrund als Kreativtherapeutin habe ich mich in die Möglichkeiten verliebt, die kreative Techniken und ein achtsamer Blick auf sich selbst mitbringen.

Die Übungen sollen Spaß machen, kleine Alltags-Inseln sein und dich an die Hand nehmen, um dieses unendlich wichtige Thema in kleinen Schritten anzugehen. Mit jeder Übung, die du umsetzt, nimmst du dir wertvolle Zeit für dich, brichst aus deinem Alltag aus, stößt große Themen an oder schaffst direkt eine Veränderung. Manche Übungen werden dir eine einmalige Auszeit voller kreativer Leichtigkeit bescheren, in der du in deinen kreativen Flow kommst, Aquarellfarben über das Papier fließen lässt oder Notizbücher füllst und alles um dich herum vergisst. Andere Übungen können ein Startschuss sein für neue Routinen, andere Sichtweisen oder Veränderungen in deinem Alltag.

Die zweite gute Nachricht: Du trägst schon ganz viel kreatives Potenzial in dir, wir müssen es nur noch aus dir herauskitzeln. Und die letzte gute Nachricht, die fast noch besser ist: Du wirst die ganze Zeit durchatmen können und eine Menge über dich selbst lernen!

Deine Sinah

**Selbstfürsorge heißt, sich selbst liebevoll und wertschätzend zu begegnen, das eigene Befinden und die eigenen Bedürfnisse ernst zu nehmen und aktiv zum eigenen Wohlergehen beizutragen.**

Dahl & Dlugosch

# WIESO, WESHALB, WARUM KREATIVE SELBSTFÜRSORGE: DIE THEORIE

*Bevor wir mit den konkreten Übungen starten, nimm dir ein wenig Zeit und lerne etwas über die Bausteine der Selbstfürsorge. Dieses Wissen wird dir erste Anstöße geben und dir helfen, die von mir für dich ausgewählten Übungen zu verstehen und dich auf diese spannende Reise einzulassen.*

# Bausteine der Selbstfürsorge

*Schenke neben den körperlichen Bedürfnissen auch den seelischen deine Aufmerksamkeit!*

Um gut auf dich selbst, dein Wohlbefinden und deine Gesundheit achten zu können, müssen mehrere Bausteine in deinem Leben zusammenspielen. Diese greifen ineinander und funktionieren nur gemeinsam, wie kleine Zahnräder: Stockt eines, kommt das ganze System ins Ungleichgewicht und auch die anderen Zahnräder laufen nicht mehr rund.

Die Basis für alles bilden die absoluten Grundbedürfnisse, die in ihrer Bedeutung für unsere gesamte Zufriedenheit gerne unterschätzt werden. Die wichtigsten körperlichen Grundbedürfnisse sind

- eine gesunderhaltende Ernährung,
- ausreichend Schlaf und
- regelmäßige Bewegung.

Auch das Pflegen sozialer Kontakte gehört zu den Grundpfeilern, die wir als Menschen brauchen.

Die körperlichen Grundbedürfnisse und das Soziale lassen wir in diesem Buch außen vor. Wir konzentrieren uns dafür voll und ganz auf die seelischen Grundbedürfnisse, die nicht ganz so offensichtlich sind und deshalb leider häufig zu wenig Aufmerksamkeit bekommen.

Das betrifft etwa deinen Umgang mit Stress und die damit verbundene benötigte regelmäßige Entspannung, das Verfolgen persönlicher Interessen und Leidenschaften, die innere Einstellung und ein zuversichtliches Denken. Diese Punkte hättest du vielleicht nicht so bezeichnet, aber sie zählen essenziell zu den menschlichen inneren Bedürfnissen, damit wir uns ausgeglichen fühlen und in unserer Mitte sind.

## Entspannung

*Ent*spannung stellt als Gegenpol zur *An*spannung im Alltag einen Ausgleich her, den dein gesamtes System unbedingt benötigt. Man kann verschiedenste Tätigkeiten als entspannend empfinden, fällt dir direkt etwas ein, was dich entspannt? Neben alltäglichen Situationen wie Fahrrad fahren, in der Mittagspause die Sonne genießen oder das Treffen mit Freunden kannst du auch gezielte Techniken zur Entspannung nutzen. Das ist insbesondere dann wichtig, wenn du merkst, dass (innerer) Druck, Stress und ein Unwohlgefühl überhandnehmen.

**Leidenschaften nachgehen**

Deine Neugierde, deine Begeisterungsfähigkeit und Leidenschaft für gewisse Dinge sind von essenzieller Bedeutung für einen langfristig fitten Geist und eine tief empfundene Leichtigkeit im Alltag. Neues ausprobieren, der Neugierde folgen, Hobbys nachgehen und neue Perspektiven zulassen: Wir brauchen Veränderungen und möchten dazulernen. Immer wenn wir uns mit einer neuen Aufgabe beschäftigen, sprießen neue Verbindungen zwischen den Nervenzellen, neue Synapsen zwischen den Neuronen – unser Hirn bleibt aktiv und altert langsamer und wir werden zufriedener.

**Positives Mindset**

Wir denken täglich zehntausende Gedanken, unser Kopf ist selten leer. Diese geistige Aktivität nimmt nicht nur Einfluss auf unser psychisches Wohlbefinden, sondern wirkt sich auch auf unseren Körper aus. Unser Denkorgan kommuniziert mit jeder Zelle unseres Körpers, weshalb die Inhalte all dieser Gedanken nicht unbedeutend sind. Negative Gedanken können sich direkt auf unsere Gefühlswelt, das körperliche Empfinden und letztendlich auch auf unsere Handlungen im Alltag auswirken.

Insbesondere Glaubenssätze, die einen hohen Anspruch an dich selbst zeigen, wie „Ich muss das alleine schaffen“ oder „Alle müssen mich mögen“, wirken sich negativ aus, da das persönliche Wohlergehen an unrealistisch zu erreichende Bedingungen geknüpft wird. Zuversichtliche, positive Einstellungen wirkt sich hingegen positiv auf die Gefühlswelt, aber auch auf die Stressresistenz und sogar auf das Immunsystem aus.

Wer vom Leben Positives erwartet, negative Denkmuster vermeidet und Herausforderungen mit einer annehmenden Haltung begegnet, tut sich also selbst einen riesigen Gefallen und sorgt für eine gute Basis für Zufriedenheit.

Um diese Themen in deinen Alltag zu integrieren, findest du in diesem Buch Übungen, die dir auf kreative und achtsame Art und Weise genau diese Ansätze in leicht verdaulichen Portionen näherbringen. Warum wir dabei auf Kreativität setzen?

- Kreativität ermöglicht uns einen guten Zugang zu entspannenden und selbstreflektierenden Tätigkeiten und unterstützt uns als praktisches Werkzeug.
- Einem kreativen Blick gelingt es, neue Perspektiven einzunehmen und Veränderungen anzustoßen.
- Die Arbeit mit Pinsel, Stift und Papier holt dich ins Hier und Jetzt, unterstützt deinen Zugang zu unbewussten Themen und bringt letztendlich auch einfach viel Freude in deine Auszeiten!

Wir reißen in den Übungen viele Themen an, um das „Hauptthema" Selbstfürsorge von unterschiedlichen Seiten anzugehen.

Wenn du merkst, dass dich ein Thema besonders anspricht, weil du es interessant findest oder auch weil es dir besonders schwerfällt, gehe dem nach und beschäftige dich intensiver damit. Mache die Übung noch einmal, recherchiere weiter zu diesem Thema oder hole dir konkrete Unterstützung.

Dieses Buch kann der erste Schritt sein, deiner Selbstfürsorge mehr Priorität in deinem Leben einzuräumen und dich spielerisch und kreativ auszuprobieren. Es kann der Anstoß für eine echte Veränderung in deinem Alltag sein!

## Zeit für dich

*Du brauchst sie, ob du dafür Zeit hast oder nicht!*

Kennst du auch diesen immer wiederkehrenden Gedanken: *Wenn* ich endlich mal Zeit habe, dann ... greife ich mal wieder zum Pinsel .... rolle ich wieder meine Yogamatte aus... lese ich endlich das Buch, das schon seit Monaten auf meinem Nachtisch liegt.

Diese Wenn-dann-Gedanken sind gefährlich, da sie der Grundstein für „Aufschieberitis" sind. Du erkennst zwar im ersten Schritt, dass es an der Zeit wäre, etwas anders zu machen und dir Zeit für dich zu nehmen – und das ist ein unglaublich wichtiger erster Schritt! –, aber du verknüpfst die Umsetzung mit dem, was dich aktuell stresst – nämlich mit dem Gefühl, dass du keine Zeit hast.

So hart es auch klingt: Du hast keine Zeit, weil du dir keine Zeit nimmst. (Ja, es gibt Ausnahmen, aber sei mal ganz ehrlich zu dir selbst, ob es bei dir wirklich anders ist.) Denn *gerade dann,* gerade in Zeiten, in denen du sehr eingebunden und getrieben bist, sodass du das Gefühl hast, keine Zeit zu haben, *gerade dann* brauchst du die Zeit für dich umso mehr.

Ein altes Zen-Sprichwort bringt es auf den Punkt: „Meditiere 20 Minuten täglich, es sei denn, du hast keine Zeit, dann meditiere eine Stunde." Dir Zeit für dich und all deine Bedürfnisse zu nehmen, ist nämlich kein „Nice to have", sondern ein essenzieller Grundstein für ein physisch und psychisch gesundes und glückliches Leben!

## MÖGLICHKEITEN DER VERÄNDERUNG

### Schaffe neue Autobahnen in deinem Kopf.

Für ein besseres Verständnis für diesen Punkt steigen wir ganz kurz ins „Hirnwissen" ein. Hast du schon einmal etwas von *Neuroplastizität* gehört? Das ist eine wirklich beeindruckende Funktion unseres Gehirns.

Einfach gesagt bedeutet es, dass unser Gehirn und die darin enthaltenen Synapsen und Nervenzellen veränderbar sind. Gemäß dem Gehirnforscher und Psychologen Damir del Monte spiegelt sich in unserem Gehirn, genauer gesagt im Aufbau unserer neuronalen Verbindungen, unser gelebtes Leben wider. Alle Erfahrungen und alles Gelernte von klein auf sind in der Form und Struktur dieser Verbindungen abgespeichert. Aber wir lernen nicht nur im Kindesalter allerhand und entwickeln unser Gehirn weiter; dieser Prozess hält vielmehr unser Leben lang an. Wir können auf biochemischer Ebene die Verknüpfungen, die unser Denken, Handeln und Fühlen beeinflussen, verändern und anpassen. Sprich: *Wir können ganz schön viel verändern!*

Du kannst dir diese Verknüpfungen zwischen den Synapsen unserer Nervenzellen wie kleine Wege vorstellen. Wenn du einen neuen Gedanken (z. B. „Fehler sind etwas Gutes") noch nicht tief verinnerlicht hast, dann sieht dieser Weg wie ein kleiner Trampelpfad aus – man kann erkennen, dass da irgendetwas ist, aber der Weg ist nicht gerade komfortabel ausgebaut. Ist ein Gedanke oder eine innere Überzeugung (z. B. „Ich muss anderen gefallen") allerdings tief in deinem Inneren verknüpft, dann ist dieser Weg eher wie eine Autobahn. Du hast diesen Gedankenweg schon so oft genommen, dass er zu einer mehrspurigen Autobahn ausgetreten wurde, die du sehr einfach befahren und darum blitzschnell einschlagen kannst. Nehmen wir an, beispielsweise der Weg zu dem Gedanken „Ich muss alles richtig machen, um gemocht zu werden" in deinem Gehirn ist eine Autobahn, da du in der Vergangenheit entsprechende Erfahrungen gesammelt hast. Wenn du dann einen kleinen unbedeutenden Fehler machst, schlägst du schnell diesen Weg ein und landest bei genau diesem Gedanken, und entsprechende Gefühle werden ausgelöst. Du fühlst dich nicht mehr zugehörig und alleine.

Dein Körper hat dadurch enormen Stress, der dir viel Energie zieht und sich stark auf deine Zufriedenheit auswirkt, obwohl im Außen eigentlich nichts Dramatisches passiert ist.

Auf alte, festgefahrene Gedanken und Verhaltensweisen können wir also viel schneller und leichter zurückgreifen. Wir kennen sie, wir haben etwas schon immer so gemacht. Aber – und nun wird es interessant – wir können selbst entscheiden, welche Wege wir zukünftig häufiger einschlagen und somit weiter ausbauen wollen, damit wir diese irgendwann ganz automatisch einschlagen und bei anderen Gedanken landen.

Und weißt du, was mit großen Autobahnen passiert, die nicht mehr genutzt werden? Die werden von der Natur zurückerobert und überwuchert, sind irgendwann gar nicht mehr komfortabel zu nutzen und werden seltener eingeschlagen.

Was dieser kleine Ausflug in die Gehirn-Welt somit verdeutlicht:

1. Wir handeln sehr automatisch auf Grundlage bisheriger Erlebnisse und Überzeugungen.

2. Wir haben die Möglichkeit, auch langfristige Veränderungen anzustoßen und unseren Umgang mit uns selbst und Herausforderungen im Alltag positiv zu beeinflussen.

**So wie du eine Sache machst, machst du alles.**

Wenn du im Kleinen bestimmte Herangehens- und Denkweisen trainierst, wirken sich diese auch auf ganz andere Lebensbereiche aus. Du kannst dir das wie einen Muskel im Kopf vorstellen: Du trainierst ihn wie deine Bauchmuskeln im Fitnessstudio. Und während dir die Sit-ups von Mal zu Mal etwas leichter fallen, spürst du auch Auswirkungen im Alltag. Du kannst plötzlich deine Wasserkisten leichter tragen und hast weniger Rückenschmerzen, da der Rücken von den Bauchmuskeln unterstützt und entlastet wird. Die Auswirkungen des Trainings gehen somit über die konkrete Übung hinaus und sind vielfältiger, als man denken könnte.

Was das für die Übungen aus diesem Buch bedeutet? Du lässt dich auf Themen ein, die dir im Alltag an ganz anderen Stellen weiterhelfen können. Ein schönes Beispiel hierfür ist Perfektionismus. Wenn du damit kämpfst, deine eigenen Bilder, Collagen oder Texte wertzuschätzen, und leicht in selbstkritische Gedanken verfällst, da du einen sehr perfektionistischen Anspruch an dich hast, dann wirst du diese selbstkritischen Gedanken auch in anderen Lebensbereichen kennen.

Wenn du es nun Stück für Stück verinnerlichst, deine eigenen Werke mit einem wohlwollenden, liebevollen Blick zu betrachten, dir Fehler zu erlauben und mit etwas mehr Gelassenheit an deine Kreativität heranzugehen, dann wird sich diese Einstellung wie von Zauberhand auch auf andere Lebensbereiche übertragen. Sie wird sich nicht überall in gleicher Intensität niederschlagen, aber du hast in deinem Gehirn damit wunderbare neue Verknüpfungen – Gedankenwege – geschaffen, die nun öfter genutzt werden als vorher.

**„Nur' für dich" ist der beste Grund, um etwas umzusetzen.**

Die Übungen in diesem Buch machst du *nur für dich*. Es ist ungewohnt, etwas nicht zu machen, um es irgendwem zu zeigen oder etwas damit zu erreichen oder? Aber es ist so: Du machst diese Übungen *für dich*. Und das ist der allerbeste Grund, etwas zu tun, den es geben kann!

Damit *du* den Kopf frei bekommst, damit sich *dein* Alltag Stück für Stück ein bisschen leichter anfühlen darf, damit *du* Neues lernst und *dein* Denken und *deine* Herangehensweisen veränderst – um *dein* Leben glücklicher zu gestalten.

Diese Übungen *nur für dich* zu machen, ist schon ein erster, wertvoller Akt für mehr Selbstwert, denn du bist es dir wert, deine Zeit mit dir, deinen Gedanken, deinen Gefühlen und Leidenschaften zu verbringen. Klopfe dir deshalb einmal imaginär (oder auch ganz in echt) auf die Schulter, dass du dieses Buch gerade in den Händen hältst, und verinnerliche diese wertvolle Einstellung für die Umsetzung der Übungen.

## Keine Selbstoptimierung

**Achtung! Es geht hier nicht um Selbstoptimierung! Du bist gut so, wie du bist!**

Auf einen Punkt möchte ich gerne noch eingehen, da die Gefahr besteht, an der einen oder anderen Abzweigung auf deinem Weg zu mehr Selbstfürsorge falsch abzubiegen. Auch wenn es darum geht, etwas zu verändern, und das Thema auch in den Bereich der Persönlichkeitsentwicklung fällt, ist keineswegs eine leistungsgetriebene Optimierung das Ziel, damit du in irgendeiner Form endlich „richtig“ bist. Nein!

Dass du „falsch“ bist, so wie du bist, wird in den seltensten Fällen so formuliert. Aber sei wachsam, falls deine eigenen Gedanken in diese Richtung abdriften: Unser aller Denken und Handeln ist geprägt von unserer Leistungsgesellschaft, weshalb unsere innere kritische Stimme darin ein gefundenes Fressen wittern kann.

Deine Einstellung bei all den Übungen und den Veränderungen, die du anstrebst, darf vielmehr dem Ziel folgen, zu dem zurückzufinden, was dich ausmacht und was dich glücklich macht. Du sollst keinesfalls die innere Überzeugung entwickeln, dass du „nicht gut genug“ bist und dich deswegen verändern „musst“.

Es geht darum, anzunehmen, wer du bist und was dich ausmacht, mit all deinen Bedürfnissen und Leidenschaften. Das wollen wir ausgraben unter dem Alltagstrott, den täglichen Grübelgedanken und den unangenehmen Gefühlen.

Es gibt Türen, die nur darauf warten, geöffnet zu werden. Aber es ist an mir, durch sie hindurchzugehen.

John Strelecky

# IN DIE UMSETZUNG KOMMEN: DIE ÜBUNGEN

*Nach der Theorie widmen wir uns jetzt dem Herzstück dieses Buches: den praktischen Übungen. Die folgenden Aufgaben beschäftigen sich mit einem oder mehreren Aspekten der Selbstfürsorge und bringen dich auf unterschiedliche Art und Weise, aber immer mit einer kreativen Herangehensweise deiner inneren Mitte näher.*

*Jede Übung besteht aus einem einleitenden Teil, der den Hintergrund, das Ziel und den Nutzen daraus erklärt, sowie einer genauen Anleitung, wie die Übung umgesetzt werden kann. Außerdem wurde dort, wo es sich anbietet, sowie ganz hinten im Buch ein wenig Platz freigehalten, den du für die Umsetzung der Aufgabe nutzen kannst.*

# SO GEHT'S: TIPPS FÜR DIE ÜBUNGEN

Die Übungen sind in drei Kategorien aufgeteilt: Achtsamkeit, Gut fühlen, Perspektive wechseln. Bevor du mit einer Übung beginnst, nimm dir Zeit für die Einleitung der jeweiligen Kategorie.

Es ist vollkommen egal, in welcher Reihenfolge du die Übungen machst: Von vorne nach hinten, von hinten nach vorne, alle aus einem Kapitel nacheinander oder einfach eine zufällig aufgeschlagene Übung zuerst – alles ist möglich und sinnvoll. Du kannst auch durch das Buch blättern, hier und dort reinlesen und bei der Übung stoppen, die dich am meisten anspricht oder für die du gerade genügend Zeit und/oder alle nötigen Materialien hast.

Bei vielen Übungen sind extra Seiten freigehalten, um sie im Buch machen zu können, für andere ist es sinnvoll, ein begleitendes Notizbuch anzulegen oder weiteres Papier zu verwenden. Für manche Übungen benötigst du eventuell weitere Materialien. Infos dazu findest du in den jeweiligen Übungen.

Der perfekte Zeitpunkt für die Übungen? Ganz einfach: Wenn du Zeit hast. Und wenn du keine hast, dann nimm sie dir. 15 bis 60 Minuten, in denen dich niemand stört, reichen meist schon völlig aus. Mache es dir gemütlich und nimm das Buch zur Hand.

Wähle eine Übung aus und dann fang einfach an. Genieße diese Zeit nur für dich – zum Runterkommen und für deine Kreativität. Nichts ist schlimmer, als wenn du alle zwei Minuten auf die Uhr schauen musst, weil du gleich zum Bus sprinten oder den Kuchen aus dem Backofen holen musst. Nimm dir wirklich Zeit für die Übungen, sodass du dich voll und ganz auf sie konzentrieren kannst.

Aus den Übungen lässt sich auch wunderbar ein kleines Ritual machen: Jeden Tag oder alle zwei Tage oder jeden Sonntag beispielsweise kannst du dir nach dem Abendessen bewusst Zeit nehmen, um jeweils eine Übung zu starten. Schaue, wie es für dich persönlich am besten funktioniert! Beachte allerdings, dass für manche Übungen eine bestimmte Tageszeit erforderlich ist, du für die eine oder andere Idee rausgehen musst oder sich eine Aufgabe über mehrere Tage streckt. Aber auch hier findest du alle Infos direkt in den Übungen.

1. Setze eine Übung direkt um, wenn sie dich beim Lesen anspricht. Ein „Okay, das mache ich dann vielleicht das nächste Mal" ist riskant.
2. Wundere dich nicht, wenn eine Übung im ersten Moment nicht direkt etwas mit Selbstfürsorge im herkömmlichen Sinn zu tun hat. Es ist ein vielschichtiges Thema, das unterschiedlichste Herangehensweisen zulässt. Die Übungen zielen stets auf fundierte, aber sehr unterschiedliche Aspekte ab. Lass dich drauf ein!
3. Wenn dir eine Übung gefällt, kannst du sie so oft machen, wie du magst. Bei vielen Übungen ist es sogar ratsam, sie zu wiederholen, da nur so ein positiver Effekt eintreten und sich das Gelernte festigen kann.
4. Perfektionismus wird dich daran hindern, die Übungen wirklich umzusetzen und dich auf die wesentlichen Aspekte darin zu konzentrieren. Mache dir darum vor allem zu Anfang bewusst: Es gibt kein Richtig oder Falsch. Es geht hier ums Herumspielen, Ausprobieren, das Anstoßen von Veränderungen und letztendlich um dich ganz persönlich! Du musst nichts erreichen, nichts Vorzeigbares kreieren oder etwas in einer gewissen Zeit abarbeiten. Liebevoll deinen Perfektionismus außenvor zu lassen, gehört zu diesem Buch dazu.

# I. ACHTSAMKEIT

## MINDFUL ODER MIND FULL?

Achtsamkeit ist ein Schlagwort, das du bestimmt schon oft gehört hast, das aber in vielen Kontexten sehr unterschiedlich genutzt wird. Einfach ausgedrückt geht es bei diesem Thema darum, deine Gedanken, Gefühle und Empfindungen sowie deine Umgebung bewusst wahrzunehmen und den jetzigen Moment zu spüren.

Das kann hinsichtlich deiner Selbstfürsorge die Grundlage sein, um deine eigenen Bedürfnisse im ersten Schritt überhaupt zu erkennen und ein besseres Gefühl für sie zu bekommen. Zusätzlich hilft Achtsamkeit dabei, Stress im Alltag zu minimieren, mehr zum Genießen zu kommen und auch kleine Dinge wieder wertzuschätzen. Sie kann also maßgeblich zum Wohlbefinden beitragen.

Möchtest du mehr Achtsamkeit in deinem Alltag leben, kann das bedeuten, dass du bewusst achtsame Übungen und Zeiten einbaust, die dir guttun, oder auch, dass du einen achtsamen Blick als allgemeine Sichtweise und Einstellung in dein Leben integrierst. Beides geht oft Hand in Hand. Besonders interessant ist der achtsame Blick auf dich selbst. Auf das, was du tust, was du denkst und was du fühlst. Und ob all dies dir guttut oder eher nicht.

Dabei klingt es erstmal ganz simpel:
**Deine Präsenz dem jetzigen Augenblick widmen.**

So schwer kann das ja nicht sein?! Erstaunlicherweise liegen unser Fokus und unsere Aufmerksamkeit im Alltäglichen aber sehr selten im aktuellen Moment. Wir grübeln über vergangene Situationen nach oder machen uns Sorgen über die Zukunft. Das passiert ganz automatisch, sodass wir von unseren Gedanken und den damit verbundenen Emotionen fast schon ferngesteuert werden und den jetzigen Moment manchmal glatt verpassen. Dann übersehen wir die Schönheit der Natur um uns herum, nehmen die wertschätzende Geste von lieben Menschen gar nicht wahr oder verpassen gar, dass wir eigentlich gerade glücklich sein könnten.

Für eine achtsame Haltung hilft das Bild der inneren Beobachterin. Du nimmst gedanklich die Rolle einer Außenstehenden ein, die deine Gedanken und auch deine Gefühle beobachtet. Du identifizierst dich somit nicht mehr mit dem, was du denkst oder fühlst, sondern beobachtest es neugierig quasi vom Spielfeldrand aus.

**Du bist nicht deine Gedanken, du bist nicht deine Emotionen.**

Deine Gedanken und deine Emotionen sind reine Verknüpfungen im Gehirn, die durch all deine Erfahrungen und Prägungen entstanden sind (s. S. 13). Sie haben somit alle einen Ursprung und eine Berechtigung, da zu sein, aber sie spiegeln nie eine objektive Wahrheit wieder, auch wenn es sich oft so anfühlt.

Es bedarf Übung und auch etwas Zeit, um dich auf die Sicht der Beobachterin einzulassen, aber es lohnt sich! Diese Sicht durchbricht unser reines Reagieren, schaltet den Autopiloten ab und gibt uns Kontrolle zurück. Die Beobachterin versetzt uns in die Lage, bewusst darauf Einfluss zu nehmen, was wir denken, wie wir mit uns selbst sprechen und wie wir uns fühlen wollen.

Das bezieht sich auch auf Stresssituationen, ob im Beruf oder im Privatleben. Das Gefühl des Einflusses auf dein eigenes Stressempfinden, deine Gedanken und auch deinen Umgang mit stressigen Situationen macht dir bewusst, dass du alltäglichen Belastungen und Beschwerden nicht hilflos ausgeliefert bist.

Wenn du die achtsame Haltung zulässt, gibst du dir die Möglichkeit, all die Grübelgedanken loszulassen, den Kopf freizubekommen und das Hier und Jetzt zu genießen. Und erst durch das bewusste Wahrnehmen kannst du auch im zweiten Schritt das, was gerade da ist, wertschätzen und die Fülle in deinem Leben erkennen.

# Achtsam sehen

Ich selbst bin ein großer Fan von Notizbüchern und habe eigentlich immer eins dabei. Über die Zeit hinweg habe ich gemerkt, dass ich es schaffe, meine Umwelt intensiver wahrzunehmen, wenn ich ein visuelles Skizzenbuch führe. Man beobachtet die Menschen, die Gebäude und die Natur um sich herum viel genauer und nimmt kleine Besonderheiten war. Ich hole somit Dinge in mein Bewusstsein, die ich sonst gar nicht beachtet hätte – das interessante Schattenspiel, die Strahlkraft der Farben oder eine Haustür mit einem tollen Muster. Ob ich in der Bahn sitze, in der Stadt auf jemanden warte oder in einer Pause einfach aus dem Fenster gucke – ich nutze die Zeit und stelle in einer Skizze, einer Zeichnung oder in Icons dar, was mir in meinem Blickfeld gerade auffällt.

Durch das intensive Wahrnehmen der Umgebung bekomme ich meinen Kopf stärker ins Hier und Jetzt. Das verschafft mir zum einen Freiheit in meinen Gedanken, da ich nichts Zukünftiges plane und nicht über Vergangenes grübele, und zum anderen gibt es mir die Möglichkeit, einen konzentrierten Fokus zu setzen. Außerdem trainiere ich dadurch, das Wahrgenommene in einer eigenen Form auszudrücken und so automatisch ein Stück weit zu interpretieren und etwas Neues daraus zu schaffen.

*In jeder Zeichnung steckt etwas Schönes, nur vielleicht anders, als du es erwartet hast.*

## EIN SKIZZENBUCH FÜR EINE WOCHE

### DAS ZIEL
Nimm deine Umwelt bewusster wahr und komme im Hier und Jetzt an.

### ZEITLICHER RAHMEN
15 Minuten täglich, eine Woche lang

### DU BRAUCHST
einen Stift und ein Skizzen- oder Notizheft, das sich für dich gut anfühlt und das du immer in der Tasche haben kannst.

### SO GEHT'S
Suche dir ein kleines Notizbuch, das du am besten schon zu Hause herumliegen hast. Es ist egal, wie es aussieht und was für ein Papier es hat, Hauptsache, es fühlt sich gut an, wenn du es in den Händen hältst.

Versuche nun, täglich mindestens einmal etwas in dein Skizzenbuch zu malen oder zu zeichnen. Stelle das dar, was du in diesem Moment grade siehst, was du empfindest oder was deine Assoziationen zur jeweiligen Situation sind. Es geht nicht darum, ein perfektes Bild zu erschaffen, sondern rein darum, einen Aspekt des jetzigen Momentes aufzunehmen. Du kannst auch auf simple Icons und Symbole zurückgreifen oder nur die Farben darstellen.

Versuche, dieses Ritual des Zeichnens in deinen Alltag zu integrieren. Ich weiß, das ist gar nicht so einfach, aber sehe es als Experiment! Wenn es dir schwerfällt, dein Skizzenbuch zwischendurch in Alltagspausen zur Hand zu nehmen, dann könnte es dir helfen, wenn du dir eine feste Tageszeit vornimmst. Probiere es zum Beispiel jeden Morgen nach dem Aufwachen, täglich im Bus oder jeden Abend kurz vorm Schlafengehen.

Wenn du die 7 Tage gut geschafft hast, überlege dir, ob du diese Übung auf 30 Tage verlängern möchtest, denn so lange dauert es durchschnittlich, bis du ein neues Ritual verinnerlicht hast und bis es keine Kraft mehr kostet, dich dazu zu überwinden. Und letztendlich ist es wunderschön, am Ende ein Buch in den Händen zu halten, das voll ist mit persönlichen Zeichnungen und Erinnerungen und in dem du vielleicht sogar die Entwicklung deiner Zeichentechnik zurückverfolgen kannst.

Fortsetzung auf der nächsten Seite ...

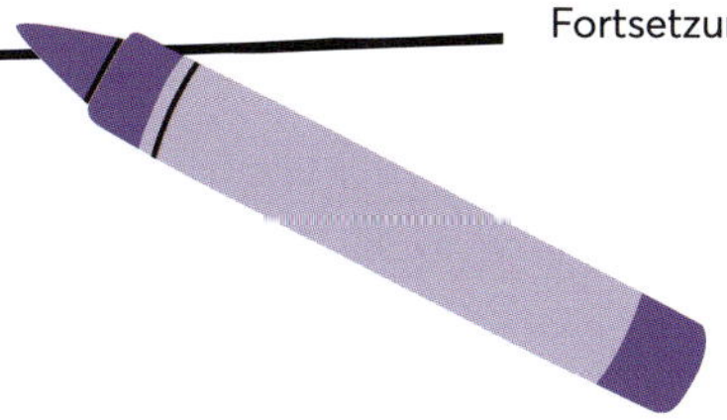

Lasse dich beim Zeichnen nicht von deinem Kopf leiten, sondern von deinen Augen. Zeichne die Dinge so, wie du sie in diesem Moment wahrnimmst, und nicht so, wie du sie dir in deinem Kopf vorstellst. Auch ist es erst einmal egal, ob die Perspektiven stimmen oder ob es realistisch aussieht.

Wenn du das Gefühl hast, dass deinen Zeichnungen noch etwas Leben fehlt, dann füge Farbe oder kleine wiederkehrende Elemente hinzu. Bei Landschaftsdarstellungen hilft es beispielsweise, einfach Menschen mit einzubauen, um die Zeichnung interessanter zu gestalten.

**TIPP**

***Wenn du etwas abzeichnest: Versuche, beim Zeichnen mehr auf das zu schauen, was du abzeichnest, als in dein Skizzenbuch.***

*Du könntest dich selbst in einer aktuellen Situation darstellen.*

Ich liebe Bleistifte & Fineliner zum Zeichnen.

Jeden Tag eine kleine Zeichnung

Vielleicht kannst du jemanden darstellen, den du heute getroffen hast, und das, was ihr zusammen gemacht habt?

# Ruhe herbei malen

Das gute alte Mandala zum Ausmalen kennen die meisten bestimmt noch aus ihrer Kindheit. In den letzten Jahren ist dieser Trend wieder aufgekommen – diesmal allerdings für Erwachsene. Der Grund dafür liegt in den positiven Nebeneffekten, die das Ausmalen mit sich bringt. Und auch wenn du im ersten Moment denkst: „Ach, das ist doch langweilig“, lohnt es sich, es einfach mal wieder auszuprobieren!

Die Tätigkeit des Ausmalens hilft nämlich tatsächlich dabei, zur Ruhe zu kommen und Stress abzubauen. Der Fokus liegt beim Malen nur auf der Tätigkeit der Hände, alles andere wird ausgeblendet. Es wird somit die Konzentrations- und Wahrnehmungsfähigkeit bei gleichzeitiger Entspannung geschult – und genau das ist für kreative Tätigkeiten wie auch für dein Wohlbefinden enorm wichtig. Es unterstützt dein Nervensystem herunterzufahren und deinen Energie-Akku wieder aufzuladen.

Das Ausmalen von Mandalas bietet zudem die Möglichkeit, ganz einfach und ohne große Hemmschwelle anzufangen und sich kreativ auszudrücken. Bestehende Muster werden ergänzt, wilde Farbkombinationen werden erfunden und du bekommst ein Gefühl für harmonische Zusammensetzungen. Und ganz nebenbei sehen Mandalas auch einfach schön aus!

Wenn du dann am Ende vor einem großen, herrlich bunten Mandala sitzt, kannst du stolz sein auf das, was du soeben vollendet hast, als auch auf die entspannende Zeit, die du dir für dich selbst genommen hast!

*Wenn eine innere Stimme dir sagt: „Du kannst nicht malen“, dann male einfach drauflos, und die Stimme wird verstummen.*

Vincent van Gogh

## EIN MANDALA AUSMALEN

### DAS ZIEL

Werde ohne große Hürde kreativ, habe Spaß an der Entspannung und mache dich mit Farben und Farbkombinationen vertraut.

### ZEITLICHER RAHMEN

15 bis 60 Minuten

### DU BRAUCHST

Stifte oder Wasserfarben und eine Mandala-Vorlage. Nutze das Mandala auf der nächsten Seite, drucke eines aus dem Internet aus oder greife auf ein Mandala-Buch zurück.

### SO GEHT'S

Überlege dir, mit welchen Stiften du arbeiten möchtest. Dabei kannst du frei wählen, ob du lieber Filz- oder Buntstifte oder Aquarellfarben benutzen möchtest. Entscheide nach deinen persönlichen Vorlieben oder wähle einfach das, was du gerade griffbereit hast.

Wenn du magst, kannst du während des Ausmalens Musik oder (falls es dich nicht zu sehr ablenkt) ein Hörbuch oder einen Podcast hören. Wichtig ist dabei nur, dass du dich während des Malens nicht von deinen elektronischen Geräten ablenken lässt. Schalte also dein Handy in den Flugmodus und klappe den Laptop zu.

Achte beim Malen darauf, dass du entspannt sitzt, dass du deinen Kiefer nicht anspannst und den Punkt zwischen deinen Augenbrauen lockerst. Nimm dir ganz bewusst Zeit für dich selbst, Zeit, um mit Farben herumzuspielen und nach einem vielleicht anstrengenden Tag herunterzukommen und dir Entspannung zu erlauben.

Rot und Pink sind komplementär zu Grün.

Blautöne kommen in Kombination mit Orange besonders gut zur Geltung.

# KLEBE HIER EIN WEITERES MANDALA EIN

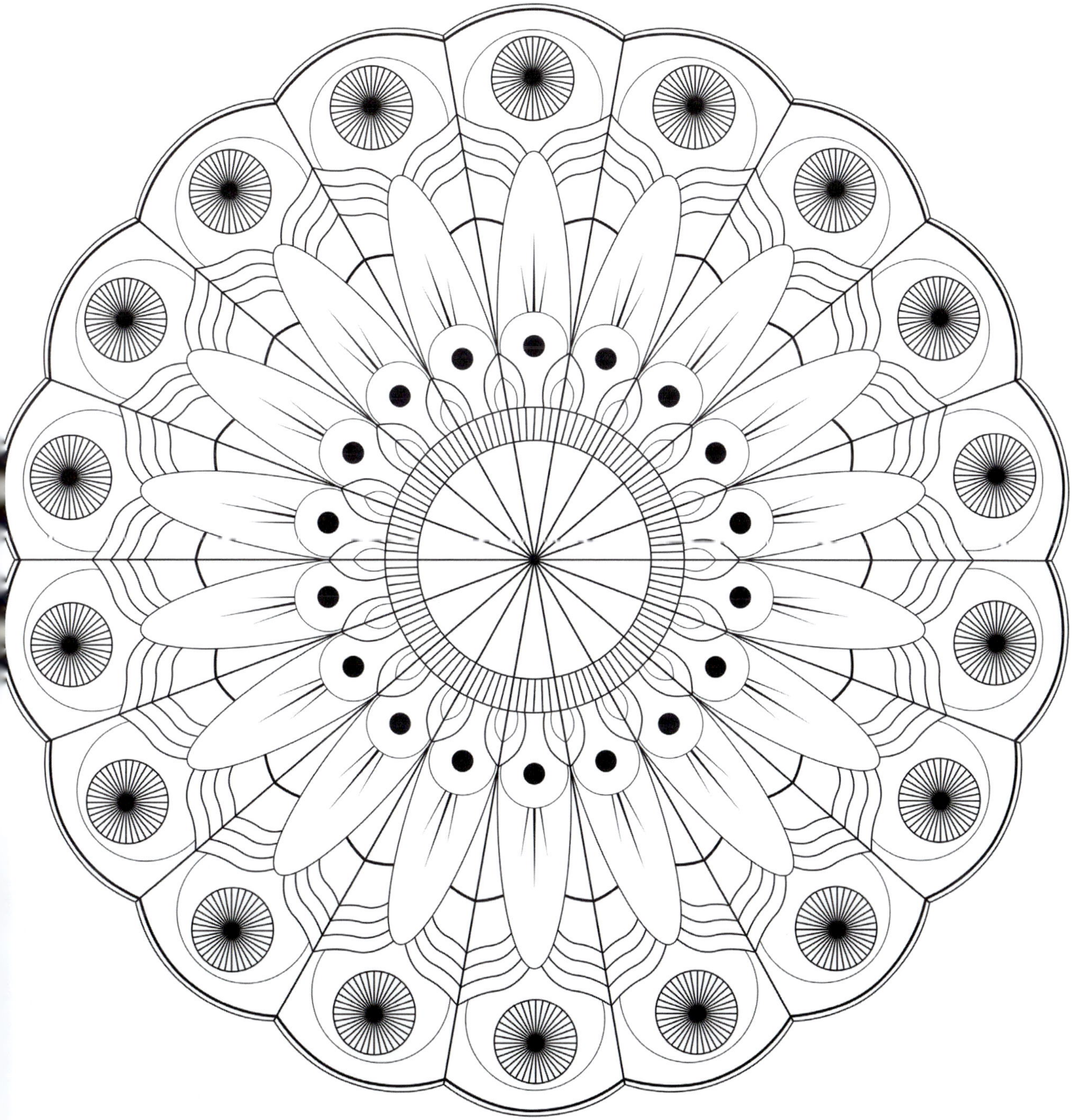

# Gedanken aus dem Kopf schreiben

Vielleicht kennst du es, dass deine Gedanken durchgehend von einem Thema zum nächsten wandern: von der Bemerkung einer Freundin vor zwei Tagen, die dich noch immer beschäftigt, zu dieser einen Sache auf der To-do-Liste, die du noch immer nicht gemacht hast, über die du aber schon tausende Male nachgedacht hast. Unser Hirn ist beeindruckend, es springt von der tiefsten Vergangenheit in die Zukunft, um direkt danach einmal kurz in der Gegenwart vorbeizuschauen, bevor es die Gedanken schnurstracks wieder in die Vergangenheit lenkt. Diese Flexibilität und die Vielzahl an Themen in so kurzer Zeit ist faszinierend – aber ehrlich gesagt manchmal auch wirklich anstrengend.

Und vielleicht kennst du das unangenehme Gefühl, das damit einhergeht, wenn du aus Gedankenspiralen nicht herauskommst oder der sogenannte Mental Load, also die unsichtbare psychische Belastung im Alltag, immer größer wird. In diesen Situationen kann ein Gefühl von innerer Unruhe und Druck entstehen.

Aus diesem Grund ist es unglaublich wertvoll, die eigenen Gedanken einmal zu Papier zu bringen – und damit raus aus dem Kopf! Das Schreiben bringt Ordnung in die Themen, die dich beschäftigen, und gibt deinen Gedanken einen Platz. Sie werden aus dem Kopf herausgelassen und angeschaut und verlieren so diese Dramatik, die entsteht, wenn wir in Grübelgedanken festhängen: Du gibst alles, was dich gerade belastet, an das Papier ab.

Die folgende Aufgabe hilft dir außerdem dabei, genauer zu erkennen, was dich aktuell beschäftigt und welche Gedanken und Ideen in dir schlummern. Indem du sie gleich morgens machst, startest du frei, sortiert und schöpferisch in den Tag.

## GEDANKEN AM MORGEN

### DAS ZIEL

Bringe deine morgendlichen Gedanken auf Papier. Schaffe dir mehr Ruhe in deinen Gedanken und erlaube dir zu schauen, was dich bewegt.

### ZEITLICHER RAHMEN

10 Minuten an 5 aufeinander folgenden Tagen

### DU BRAUCHST

einen Stift und ein simples Notizbuch, bei dem du dir keine Gedanken darüber machen musst, dass es besonders schön gefüllt werden muss.

### SO GEHT'S

Nimm dir morgen früh direkt nach dem Aufwachen Notizbuch und Stift zur Hand, setze dich an einen Tisch und fange an zu schreiben. Nimm dir eine feste Anzahl an Seiten vor, die du füllen möchtest. Starte gerne mit einer DIN A4-Seite. Du kannst mit einem Thema beginnen, das dich aktuell beschäftigt, oder spontan schauen, welche Gedanken dir in diesem Moment durch den Kopf gehen.

Du setzt den Stift an und schreibst drauf los! Damit du nicht aus dem Schreibfluss kommst, ist es wichtig, dass du nicht mit dem Schreiben aufhörst, auch wenn du nicht weiterweißt. Du kannst auch Dinge wie „Ich weiß nicht, was ich schreiben soll" oder „Ähm, Hilfe, mir fällt nichts ein" schreiben. Bleibe dran und fülle die komplette Seite aus, ohne zwischendurch abzusetzen. Mache also auch keine Trinkpause, sondern versuche, dich auf den Schreibprozess einzulassen.

Oft ist der Anfang etwas ungewohnt, aber ab einem gewissen Punkt fließen die Wörter fast von alleine. Wenn du diese Aufgabe häufiger wiederholst, wirst du merken, dass es dir immer einfacher fällt, deine Gedanken, Gefühle und Ideen niederzuschreiben und somit auszudrücken.

Du solltest diese Übung mindestens fünf Tage lang durchziehen und dir dann überlegen, ob du sie in deine Morgenroutine integrieren möchtest. Erste Veränderungen wirst du sehen, wenn du dranbleibst und dich ganz drauf einlässt. Es lohnt sich, die Übung wirklich am Morgen zu machen, denn zu dieser Tageszeit sind die Gedanken noch ungefiltert. Falls du aber das Gefühl hast, dass es für dich zu einer anderen Tageszeit besser passen könnte, probiere es einfach aus.

- Mache dir immer wieder bewusst: Es gibt keine Regeln, du kannst aufschreiben, was du willst.
- Mache keine Pause während des Schreibens.
- Starte direkt nach dem Aufstehen, noch bevor du irgendetwas anderes machst.
- Schreibe mit der Hand, nicht am Computer oder Handy.
- Nutze ein extra Notizbuch, das nicht besonders hübsch ist, sodass du die Seiten ohne Schönschrift und ohne Rücksicht auf die Gestaltung füllen kannst.
- Lege das Notizbuch im Anschluss weg: Du musst das Geschriebene nicht durchlesen oder analysieren, denn das würde dich nur davon abhalten, alles frei aufzuschreiben.

# Kraft in der Ruhe finden

Für den einen ist es das normalste der Welt, ohne äußere Reize in Ruhe Zeit mit sich selbst zu verbringen, für den anderen ist es unglaublich ungewohnt, keiner Tätigkeit nachzugehen und einfach *nichts* zu machen.

Dabei liegt für uns alle, egal ob introvertiert oder extrovertiert, ob laute oder leise Persönlichkeit, eine faszinierende Möglichkeit in den stillen Momenten, in denen es nur darum geht, *zu sein*. Nichts erreichen zu müssen. Nichts erleben zu müssen. Keine Eindrücke verarbeiten zu müssen. Deinem gesamten System einmal die Möglichkeit zu geben, herunterzufahren, anzukommen. Das brauchen wir für unsere innere Stärke, Zufriedenheit und auch, um unseren Zugang zur kreativen Leichtigkeit zu finden. Der Kopf, der den ganzen Tag über mit Eindrücken, Geräuschen, Informationen und visuellen Reizen regelrecht bombardiert wird, darf frei werden, für mehr Ausgeglichenheit und um dir Platz für Neues, Kreativität und deine Leidenschaften zu geben.

Diese kleinen Ruhe-Momente kannst du in vielen Dingen finden – beim Spazieren, beim Sport, beim Auf-der-Wiese-Liegen oder bei kreativen Prozessen (siehe Übung S. 82). Meditations- und Achtsamkeitsübungen können dich ganz gezielt in diese tiefe Ruhe bringen. Wenn du noch nie meditiert hast, klingt das vielleicht nach einer Hürde, die zu überwinden du dir möglicherweise noch nicht zutraust. Da kann ich dich jedoch beruhigen: Es gibt ganz einfache Übungen, die dir einen leichten Einstieg ins Meditieren ermöglichen.

Und wenn du regelmäßig meditierst, kannst du wirklich etwas verändern. Im Gehirn wird dabei die Amygdala, die neuronale Quelle der Angst, angesteuert und gedämpft. Du fühlst dich ausgeglichener und steigerst langfristig deine Resilienz.

## ACHTSAMKEITSMEDITATION

### DAS ZIEL

Löse deinen Gedankenwirrwarr auf und schaffe Platz für innere Ruhe und das Gefühl von Leichtigkeit.

### ZEITLICHER RAHMEN

10–20 Minuten

### DU BRAUCHST

eine bequeme Unterlage und einen Platz, an dem dich keiner stört.

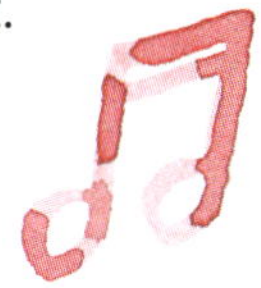

### SO GEHT'S

Mach dir schöne, ruhige Musik an und bringe dich in eine bequeme Position. Richte ganz liebevoll den Fokus auf deine Atmung: Bei jedem Einatmen stellst du dir vor, wie die Energie in dich hineinfließt und sich in deinem Körper als eine bunte Welle ausbreitet. Versuche beim Ausatmen, die Energie nacheinander in alle deine Körperteile fließen zu lassen. Beginne gedanklich bei deinen Zehen. Lasse die Energie anschließend über die Knie, die Hüfte, den Bauchnabel und die Schultern in deine Fingerspitzen wandern. Merkst du, wie du plötzlich das jeweilige Körperteil viel intensiver wahrnimmst? Spüre deinen Körper und akzeptiere alle Gefühle, die in dir hochkommen, nimm sie aus deiner beobachtenden Position wahr, ohne sie zu bewerten. Lasse dir so viel Zeit, wie du benötigst, um herunterzukommen. Wenn deine Gedanken abschweifen, bringe deine Aufmerksamkeit immer wieder liebevoll zu deinem Atem zurück.

Du kommst dir dabei komisch vor? Das ist total in Ordnung und ging mir am Anfang genauso. Versuche, nicht gleich aufzugeben, sondern gib dir Zeit, dich an diese Art der Entspannung und des Kopffrei-Bekommens zu gewöhnen.

Wenn du häufiger das Gefühl hast, dass du innerlich unruhig bist, dann integriere regelmäßig einzelne Meditations- und Achtsamkeitsübungen in deinen Alltag. Oder probiere eine geleitete Meditation aus. Viele geeignete Videos oder Audiodateien findest du im Internet.

# Einatmen, ausatmen

Die Atmung ist für uns alle so selbstverständlich, dass es wirklich überrascht, wie kraftvoll das bewusste Nutzen des Atmens sein kann. Unsere Atmung passt sich uns an und sagt in jeder Situation viel über unseren inneren Gemütszustand aus. Dir ist bestimmt bewusst: Wenn wir angespannt sind und unter Stress stehen, dann atmen wir flacher und schneller. Dahingegen sind unsere Atemzüge tiefer und länger, wenn wir tief entspannt sind.

Das Spannende ist, dass dies auch genau andersherum funktioniert. Atmest du bewusst tiefer und langsamer, wirkt sich das beruhigend auf dein ganzes System aus. Andersherum wird dein Körper auch direkt in Alarmbereitschaft versetzt, wenn du absichtlich flach und schnell atmest. Mit deinem Atem kannst du also direkt auf dein autonomes Nervensystem zugreifen und dein gesamtes System beeinflussen.

Der so simpel wirkende Atem ist somit eine echte Wunderwaffe, um schneller in Entspannung und innere Ruhe zu kommen.

Dennoch: Der Hinweis „Atme doch einfach mal tief durch" ist zwar gut gemeint und hilft vielleicht auch für ein, zwei Atemzüge, allerdings verliert sich der Fokus auf dem Atem auch genauso schnell wieder, wie wir ihn gesetzt haben. Da das Atmen ganz selbstverständlich auch ohne bewusstes Ansteuern funktioniert, fällt es oft schwer, sich für mehrere Minuten auf den Atem zu fokussieren. Um dir das einfacher zu machen, kannst du zu Zettel und Papier greifen und deinen Atem visuell unterstützen.

## ATEMSPIRALE

### DAS ZIEL

In die Entspannung kommen, durchatmen und auftanken.

### ZEITLICHER RAHMEN

2–15 Minuten

### DU BRAUCHST

Stift und die folgenden Seiten (oder ein kleines Stück Papier)

### SO GEHT'S

Schnappe dir Stift und Papier. Du kannst diese Übung auch ganz wunderbar in Alltagssituationen nutzen, denn die Rückseite von Unterlagen, eine Ecke in deinem Kalender oder ein Post-It auf deinem Schreibtisch reicht aus. Nutze, was du gerade dahast, um die Übung genau in den Situationen zu machen, in denen du sie am meisten brauchst.

Schreibe etwas in die Mitte des Papiers, ein Wort, auf das du gerade deinen Fokus lenken möchtest, zum Beispiel „Leichtigkeit", „Ruhe", „Entspannung" oder auch einfach das Wort „Atem". Dann setze den Stift an und beginne, eine Spirale um dein Wort zu ziehen, die nach außen immer größer wird. Nimm dir Zeit! Wenn du den oberen Halbkreis zeichnest, atmest du bewusst ein, beim unteren Halbkreis atmest du wieder tief aus.

Probiere aus, wie sich dein Atem an die Bewegung deines Stiftes anpasst oder auch wie die Spirale deinem Atem folgt. Mache so lange weiter, bis die Spirale deinen kompletten Zettel füllt.

„Zeichne" so viele Atem-Spiralen, bis du das Gefühl hast, dass du dich voll und ganz auf die Spirale einlassen konntest und dein Atem tief und entspannt ist.

# Mit Mustern meditieren

Malen und Zeichnen kann im Allgemeinen einen entspannenden Effekt haben, wirkt sich aber insbesondere dann meditativ aus, wenn sich wiederholende Elemente mit im Spiel sind. Aus diesem Grund sind Doodle-Zeichnungen von simplen Mustern eine tolle Form des meditativen Malens. Zusätzlich trainieren diese Zeichnungen eine unglaublich wichtige Fähigkeit: ins Machen kommen.

Beim Malen und in anderen Kreativprozessen wissen wir häufig nicht, wie wir starten sollen. Oder wir trauen uns nicht, weil wir befürchten, dass es nicht gut werden wird oder wir mit dem Ergebnis am Ende nicht zufrieden sein könnten. Dabei ist es unglaublich wichtig, sich nicht von der Hürde des Anfangens aufhalten zu lassen. Viele kennen dieses Problem bestimmt als „Angst vor dem leeren Blatt Papier“, die einen häufig überkommt, bevor man mit dem Malen eines Bildes oder dem Schreiben eines Textes beginnen möchte: Man hat alles bereitgelegt, sitzt vor den Materialien und müsste einfach nur anfangen – wenn da nicht dieser innere Schweinehund zu überwinden wäre!

Zen =

die Gedanken zur Ruhe kommen lassen

tangle =

Gewirr, Verschlingungen

## DEINE DOODLE-ZEICHNUNG

### DAS ZIEL

Starte immer wieder mit neuen Mustern, verliere die Angst vor dem Anfangen und lasse dich auf die meditative Entspannung ein.

### ZEITLICHER RAHMEN

15 Minuten–1 Stunde

### DU BRAUCHST

einen Stift und die folgenden Seiten (oder ein Blatt Papier).

### SO GEHT'S

Kurz gesagt sind mit Doodle- oder auch Zentangle-Zeichnungen einfach simple Musterzeichnungen gemeint, die sich fernab vom Perfektionismus befinden und gerade dadurch etwas Besonderes an sich haben. Reihe Striche, Dreiecke, Kreise oder Schlangenlinien aneinander und beobachte fasziniert, was daraus entsteht. Die Tätigkeit, also das Doodeln an sich, steht hierbei mehr im Vordergrund als das fertige Bild.

Beim Doodeln muss man sich immer wieder dazu überwinden, mit neuen Elementen anzufangen, denn das Ziel ist, eine komplette Zeichnung aus vielen Mustern zu kreieren. Immer bei der Auswahl eines neuen Elements wird dieser erste Anfangsschritt trainiert. Glücklicherweise macht man sehr schnell die Erfahrung, dass kein Muster perfekt sein muss. So zeigt sich beim Doodeln ganz stark, dass es überhaupt nicht schlimm ist, Fehler zu machen, denn im Gesamtbild wirken Abweichungen von den Mustern so, als ob sie gewollt sind, und man nimmt sie nicht wahr. Der vermeintliche Fehler ist damit gar nicht so schlimm oder kann sogar der Ausgangspunkt für ein neues Muster sein.

Nach und nach wirst du beim Doodeln immer mehr Entspannung zulassen können und irgendwann feststellen, dass die sich wiederholenden Elemente eine besondere Wirkung haben, die dich herunterfahren lässt.

Du benötigst für eine Zeichnung nicht viel Zeit, kannst dir aber ganz viel Zeit nehmen, wenn du magst. Diese Anleitung kann dir den Einstieg erleichtern. Solltest du aber anders vorgehen wollen, fühl dich frei: Du kannst genauso starten, wie es sich für dich gut anfühlt!

Fortsetzung auf der nächsten Seite ...

Zeichne zuallererst ein Quadrat – ohne Lineal, die Linien dürfen schief sein! Dann unterteile dein Quadrat in mehrere kleine Flächen. Das funktioniert super mit Wellenlinien, Kringeln oder auch mit geometrischen Elementen wie Dreiecken. Nun hast du viele kleine Bereiche erschaffen, die es gilt, mit Mustern zu füllen. Wähle ein Muster von der Beispielseite und fülle damit eine Fläche aus.

Wenn du fertig bist, starte mit der nächsten Fläche und dem nächsten Muster. Und so geht es weiter! Lasse dich nicht davon verunsichern, wenn das Ganze nicht symmetrisch wird, sondern schief und krumm. Versuche einfach, so viele unterschiedliche Muster wie möglich zu nutzen, und lenke deinen Fokus auf den Moment.

- Es geht nicht darum, ein unglaublich tolles Kunstwerk zu erschaffen. Lege deinen Perfektionismus ab: Bringe ihn in ein anderes Zimmer, komme zurück und starte mit einer Zeichnung.
- Fülle nach und nach jede Fläche mit einem neuen Muster.
- Hast du bis jetzt mit Mustern aus den Beispielen gearbeitet? Dann kannst du dir nun eigene Muster überlegen oder die bisher verwendeten abwandeln.

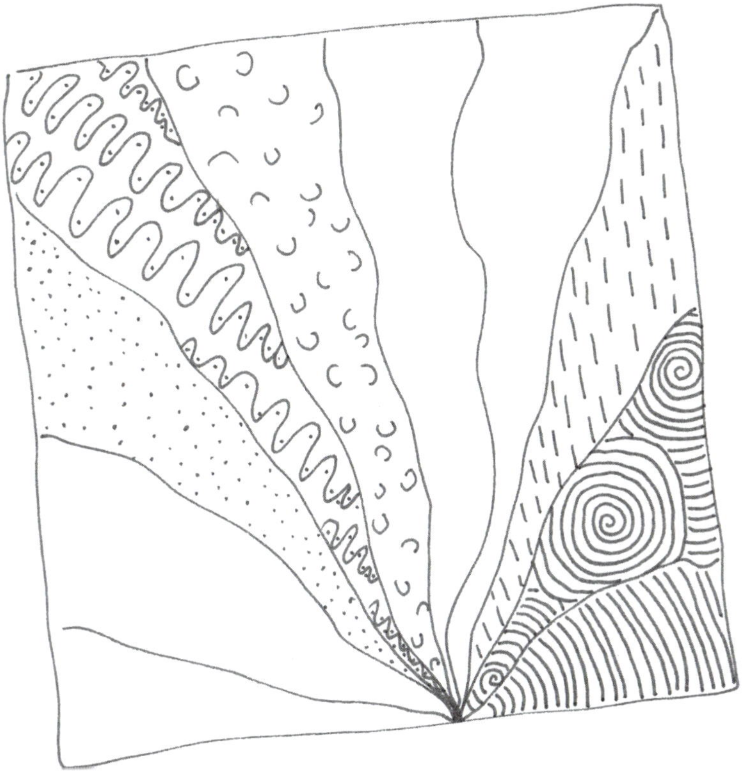

# II. GUT FÜHLEN

## SICH GUT FÜHLEN ODER GUT FÜHLEN KÖNNEN?

**Unsere Emotionen steuern uns.**
Wenn wir etwas in unserem Alltag verändern, uns mehr um uns selbst kümmern wollen, dann steht dahinter häufig der Wunsch, uns anders zu fühlen. Wir möchten wieder mehr Leichtigkeit spüren, uns entspannt fühlen und „mit uns verbunden" sein.

Unser Gefühl steht also im Mittelpunkt, wenn es um unsere Zufriedenheit geht. Deswegen ist es gar nicht so überraschend, dass ein wichtiger Aspekt ist, wieder mehr „ins Fühlen" zu kommen, positive Gefühle bewusst zuzulassen und anzusteuern und zeitgleich zu wissen, wie man mit negativ empfundenen Gefühlen umgeht.

Wenn wir an Emotionen und Gefühle denken, verbinden wir schnell extreme Situationen damit: Emotionale tränenreiche Momente, in denen gefühlt alles um uns herum zusammenbricht, oder energische zerstörerische Wutanfälle, die nicht zu kontrollieren sind. Dabei sind Emotionen viel alltäglicher und spielen in kleinsten Situationen mit.

Oft ist es auch gar nicht leicht zuzuordnen, was man gerade fühlt. Dann fühlst du dich „irgendwie unruhig", bist „grundlos niedergeschlagen" oder sagst: „Heute ist einfach nicht mein Tag." Und manchmal wird dir deine Gefühlswelt erst bewusst, wenn du dein Handeln reflektierst. Warum habe ich denn gerade so gereizt reagiert? Wieso liege ich schon so lange auf der Couch und bekomme nichts gebacken? Unsere Handlungen sind ganz eng damit verknüpft, wie wir uns fühlen.

Welches Gefühl macht mir da gerade einen Strich durch die Rechnung? Warum fühle ich mich nicht gut und ausgelassen? Warum ist es da?

Einen Zugang zu den eigenen Emotionen zu haben, ist sehr wertvoll, da uns diese sonst steuern können, ohne dass wir es bewusst mitbekommen. Außerdem ist es wertvoll, wenn wir positive Gefühle bewusst ansteuern und so mehr und tiefere Freude und Leichtigkeit empfinden können. Das tut gut und gibt Lebensqualität – was will man mehr?

**Positive Gefühle kultivieren.**

Die Fähigkeit, Emotionen bewusst anzusteuern, bringt die wundervolle Möglichkeit mit sich, dass wir schöne Gefühle bewusst ansteuern und aufleben lassen können. Wenn du dich zum Beispiel in eine richtig schöne Erinnerung zurückversetzt, in einen Moment, in dem du dich frei, ausgelassen und pudelwohl gefühlt hast, dann kannst du dieses Gefühl erneut spüren – im Hier und Jetzt, nur durch die Kraft deiner Gedanken und durch das, was du einmal erlebt und gefühlt hast. Es werden fast die identischen Mechanismen in deinem Körper aktiviert, wenn du dich intensiv in ein Gefühl hineinversetzt, wie wenn du in diesem Moment bist.

Das Schöne ist: Wenn wir positiv besetzte Gefühle empfinden, ist das in diesem Moment nicht nur einfach angenehm, es wirkt sich gleichzeitig auch sehr positiv auf deine gesamte langfristige Zufriedenheit aus. Deswegen ist ein bewusstes Ansteuern von wohltuenden Emotionen eine tolle Möglichkeit, um deine Ressourcen für mehr emotionale Stabilität zu stärken.

**Klare Sicht, aber gefühlte Barriere.**

Kennst du es, wenn du vom Kopf her genau weißt, was dir guttun würde – dich mal wieder auf die Yogamatte schwingen, dieses eine Erholungs-Wochenende endlich umsetzen oder die neuen Aquarellfarben ausprobieren –, aber du kommst nicht in die Umsetzung? Für deinen Kopf ist es glasklar, aber irgendwie ist da eine Barriere. Von außen betrachtet (und manchmal denken wir das sogar selbst) kann es wirken, als ob du einfach zu faul bist. Dir scheinen der Antrieb und der Biss zu fehlen, um endlich die Dinge zu tun, die dir guttun.

Das ist meist eine falsche Annahme, denn es ist nicht Faulheit, die dich zurückhält, sondern eine emotionale Blockade. Dieser Fehlschluss bringt uns nicht weiter, er löst nur weiteren Druck aus und kann selbstverurteilende Gedanken anfeuern. Für die kritische innere Stimme ist er in gefundenes Fressen: Sie erzählt dir, dass du es „endlich mal auf die Reihe kriegen“ sollst, dich um dich selbst zu kümmern, und dass du „nicht mal dazu in der Lage“ bist. Wir sind oft viel zu hart zu uns selbst.

Bei einer emotionalen Blockade ist es wenig hilfreich, mit Druck gegenzusteuern und dich zu Disziplin zu zwingen. Vielmehr geht es darum, die Blockade genauer anzuschauen und die damit verbundenen Gefühle zu fühlen. Das klingt im ersten Moment vielleicht kontraintuitiv, aber in puncto Emotionen gilt: Gib auch ungewollten Emotionen Raum, damit du sie danach loslassen kannst.

Wir können es uns somit zunutze machen, dass wir unseren Emotionen nicht so hilflos ausgeliefert sind, wie es sich manchmal anfühlt. Dafür brauchen wir einen guten Zugang zu unseren Emotionen, um uns, unser Handeln und unser Wohlbefinden weniger von unerwünschten Gefühlen beeinflussen zu lassen.

**Hinweis zu negativ empfundenen Emotionen**

Im Grunde ist das Zulassen und bewusste Anschauen deiner eigenen Emotionen ein sicherer und wertvoller Zugang. Sollten diese allerdings mit traumatischen Erlebnissen verknüpft sein, gehe nicht über deine Grenzen. Beschäftige dich mit solchen Emotionen nicht im Alleingang, sondern suche dir Unterstützung!

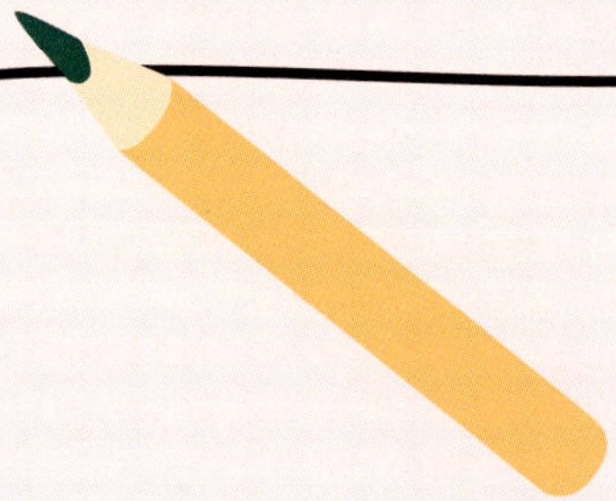

# Malend fühlen

Wie du schon weißt, sind unsere Emotionen unser Antrieb für unser Handeln und entscheidend dafür, wie es uns geht. Die Verbindung mit dir selbst herzustellen und in dich hineinzufühlen ist somit ein wichtiger Bestandteil, um gut für dich sorgen zu können.

Und um diese Verbindung mit dir selbst herzustellen, ist es unglaublich wertvoll, immer wieder bei dir selbst „einzuchecken“: Wie geht es mir gerade? Welche Gefühle sind da? Das fällt manchen sehr leicht, anderen wiederum extrem schwer. Ganz egal, wie es bei dir gerade ist – je öfter du es versuchst, desto leichter wirst du einen Zugang zu deiner Gefühlswelt erhalten.

Um die eigenen Gefühle etwas genauer unter die Lupe zu nehmen, gibt es die schöne Möglichkeit, sich visuell auszudrücken und sie zu malen. Das klingt vielleicht herausfordernder, als es ist: Es ist ein sehr intuitives Vorgehen, ohne viele Regeln.

Wenn du deinen Gefühlen den Raum gibst, dass sie „aufs Papier fließen“ dürfen, kannst du sie besser kennenlernen, erkennen, was aktuell an Gefühlen da ist, und sie besser einordnen, ggf. intensivieren oder auch loslassen.

Ganz nebenbei setzt du dich mit der Wirkung von Farben, Symbolen und Materialien auseinander. Wenn wir versuchen, Emotionen visuell darzustellen, lernen wir, welche Emotionen wir mit welchen Farben und welchen Symbolen assoziieren. Das kann sich für jeden unterschiedlich anfühlen und sich auch mit der Zeit verändern.

*Creativity is the way*
*I share my soul with the world*

**Brené Brown**

## GEFÜHLE ZU FARBEN WERDEN LASSEN

### DAS ZIEL

Lerne, bewusst in dich hineinzuspüren, und bringe diese Gefühle in einer visuellen Form zum Ausdruck.

### ZEITLICHER RAHMEN

15–30 Minuten

### DU BRAUCHST

verschiedene Farben (Tuschekasten/Aquarellfarben, Buntstifte, Marker o.Ä.), Papier – wenn du „trockene“ Buntstifte verwendest, kannst du auch die folgenden Seiten nutzen – und ggf. einen Fineliner.

### SO GEHT'S

In dieser Übung beschäftigst du dich mit deinen momentanen Gefühlen und versuchst, diese in Form eines Bildes darzustellen. Keine Angst, du musst weder ein Profi im Malen noch besonders emotional gestimmt sein. Es geht vielmehr darum, einfach mal in dich hineinzuhören und zu versuchen, genau das zu visualisieren, was du empfindest. Dabei wird etwas herauskommen, das für andere möglicherweise nicht nachvollziehbar ist. Vielleicht ist es sogar für dich gerade nicht bewusst einzuordnen, weshalb du gemalt hast, was du gemalt hast. Das ist vollkommen okay! Lass dich von deinen Gefühlen treiben und schaue einfach, was daraus entsteht.

Breite deine Farben vor dir aus oder öffne deinen Tuschekasten. Nun nimm dir ein bisschen Zeit und überlege dir, wie dein heutiger Tag war, was dich momentan beschäftigt und wie du dich gerade fühlst. Schließe für einen kurzen Moment die Augen und komme bei dir an. Versuche, ganz bewusst in deinen Körper hineinzuspüren. Fühlst du Druck, Anspannung, Ruhe, Freude oder Leere in dir? Wenn dieses Gefühl eine Farbe hätte, welche wäre es? Dann fange an, auf dein Papier diese Farben aufzutragen. Du musst keine bestimmten Techniken verwenden, sondern kannst die Farben einfach so kombinieren, wie es dir gerade in den Sinn kommt. Fallen dir Symbole ein, welche zu deinen Gefühlen passen und diese genau unterstreichen? Dann ergänze die Farben mit kleinen Fineliner-Zeichnungen. Das hat einen super schönen Effekt und verdeutlicht die Aussage des Bildes.

Ich nutze für abstrakte Bilder gerne Wasserfarbe, aber auch jede andere Technik funktioniert. Wenn du auch mit Wasserfarbe arbeiten möchtest, dann achte darauf, dass du etwas dickeres Papier benutzt, und probiere dich in unterschiedlichen Techniken und mit verschiedenen Wassermengen aus.

♥ Wenn du eine Hilfestellung hinsichtlich der Farbassoziation brauchst, nutze die auf dieser Seite, die für viele Menschen stimmig erscheinen. Sollte das bei dir nicht der Fall sein, wähle Farben rein nach deinem Gefühl aus, das ist der wichtigste Maßstab!

Kannst du erraten, wie ich mich gefühlt habe, als ich dieses Bild gemalt habe?

Blau: frisch, kühl, treu, vertraut, ruhig, weise, kommunikativ

Grün: hoffnungsvoll, frisch, innovativ, natürlich, entspannt, ökologisch

Rot: lachend, kraftvoll, leidenschaftlich, mächtig, warm

Gelb: lebendig, leicht, sonnig, wach, neidisch

# Seelische Grundbedürfnisse stärken

Es gibt Emotionen, die, wenn wir sie fühlen, besonders wertvoll für unsere innere Ausgeglichen- und Zufriedenheit sind, da sie unsere seelischen Grundbedürfnisse nähren (Super-Ressourcen nach Dirk W. Eilert). Dazu gehört zum Beispiel die Emotion des Stolzes, die unser seelisches Bedürfnis nach Selbstwirksamkeit und Einfluss maßgeblich stärkt.

Um aktiv deine seelischen Grundbedürfnisse zu stärken und dadurch stressresistenter und ausgeglichener zu werden, kannst du diese Super-Emotionen bewusst ansteuern und nutzen. Drei dieser emotionalen Super-Ressourcen eignen sich besonders gut für eine tägliche Abfrage:

**Dankbarkeit** – Die Emotion der Dankbarkeit empfinden wir, wenn wir „von außen" etwas bekommen, was wir als wertvoll erachten. Das kann von einer anderen Person sein (Zuneigung, Geschenk, ein simples Lächeln etc.) oder auch „vom Leben" und den allgemeinen Umständen (Dach über dem Kopf, schöne Erlebnisse etc.). Wenn wir Dankbarkeit empfinden, schüttet unser Körper das Bindungshormon Oxytocin aus, wir fühlen uns dadurch wohler, weniger gestresst und werden sogar geduldiger. Das ist ziemlich faszinierend, oder? Immer wenn ich mir die Kraft einzelner Emotionen bewusst mache, kommt eine große Dankbarkeit für diese Super-Ressource in meinem Körper auf!

**Ehrfurcht** – Die zweite Super-Ressource ist etwas schwerer zu greifen, aber lass dich trotzdem einmal darauf ein: Die Ehrfurcht öffnet unsere innere Erlebniswelt und lässt uns die Wunder der Welt erkennen. Gerade, weil der Begriff „Ehrfurcht" oft missverständlich verknüpft wird, kannst du dir die Frage nach dem Wunder stellen: Wo ist mir heute ein Wunder begegnet? Worüber kann ich staunen, wie ein Kind? Das läuft häufig Hand in Hand mit einer gewissen Faszination. Du kennst das Gefühl vielleicht von beeindruckenden Naturbetrachtungen, etwa wenn du in den Sternenhimmel schaust und dich ganz klein, aber auch dem Ganzen zugehörig und geerdet fühlst. Jeder findet ganz eigene Ehrfurchtsmomente in seinem Leben, und die dürfen auch klitzeklein sein. Die Faszination für ein Muster, das sich auf einer Blüte abzeichnet, oder das Wunder einer Zufallsbegegnung, die du mit einem alten Bekannten hattest. Mache dich auf die Suche: Was kannst du heute fasziniert als Wunder betrachten, um dich für Leichtigkeit und Inspiration zu öffnen?

**Stolz** – Dass sich auch das Gefühl von Stolz gut anfühlt, kannst du dir bestimmt denken. Wenn du etwas erreicht hast, etwas durch dein eigenes Handeln bewegt hast, löst es das Gefühl in dir aus, dass du selbstwirksam an etwas beteiligt warst. Gesunder Stolz hängt somit ganz eng mit der Kontrollierbarkeit von Dingen und dem eigenen Einfluss zusammen. Es stärkt dein Selbstbild und den damit empfundenen Selbstwert, wenn du häufiger Aspekte findest, auf die du stolz bist. Und da ich schon beim Schreiben dieser Zeilen höre, wie deine kritische innere Stimme Zweifel äußert, ob du denn überhaupt auf so viele Dinge stolz sein kannst: JA, es gibt unglaublich viele klitzekleine Dinge, auf die du in deinem Alltag stolz sein kannst. Und diese darfst du nun finden!

*Entweder ist alles ein Wunder oder nichts.*

Albert Einstein

# GEDANKENHYGIENE

## DAS ZIEL

Fülle deine seelischen Grundbedürfnisse und lenke täglich den Fokus auf die Super-Emotionen.

## DU BRAUCHST

Stift und Papier – für die ersten Tage kannst du auch die folgende Seite dafür nutzen.

## ZEITLICHER RAHMEN

2–5 Minuten täglich

## SO GEHT'S

So wie Zahnhygiene die Gesunderhaltung der Zähne unterstützt, so kann eine tägliche Gedankenhygiene dein Inneres stärken. Versuche also, diese Übung zu einer echten Routine werden zu lassen, die für dich irgendwann nicht mehr wegzudenken ist.

Notiere dir täglich Stichpunkte zu den drei Fragen:

1. Wofür bin ich heute dankbar?
2. Wo ist mir heute ein Wunder begegnet?
3. Was habe ich heute durch mein Handeln erreicht, worauf ich stolz bin?

Schreibe dir eine kurze Notiz in ein Notizbuch oder in eine App auf dem Handy oder tausche dich am Abend mit deinem Partner oder deiner Partnerin über diese Punkte aus. Auch hierbei ist es wichtig, die notierten Punkte nicht nur zu denken, sondern dir bewusst die Zeit zu nehmen, das Gefühl für einige Sekunden in deinem Körper zu fühlen (s. auch S. 60).

Wenn du diese Gedankenhygiene über mehrere Wochen machst, wirst du erstaunt sein, welche Auswirkungen es auf deinen Blick auf dein Leben und auch auf deine emotionale Stabilität hat. Du bekommst einen gelasseneren Blick auf dich selbst, auf dein Umfeld und auf deine Lebensumstände, kannst besser mit Stress umgehen und negative Folgen von innerer Anspannung vermeiden. Klingt zu gut, um wahr zu sein? Na dann, probiere es doch einfach aus!

♥ *Keine Sorge, mit der Zeit wird es dir leichter fallen, zu allen drei Fragen täglich etwas zu finden.*

# Positive Emotionen aktivieren

Vielleicht hast du schon einmal den folgenden Satz gehört: „Nicht die Glücklichen sind dankbar, sondern es sind die Dankbaren, die glücklich sind."

Das Gefühl der Dankbarkeit leitet deine Perspektive auf Positives, verändert deinen Blick auf Herausforderungen und stärkt deine inneren Ressourcen. Und auch Studien konnten inzwischen die Auswirkungen dieser so simplen Frage nach Dankbarkeit aufzeigen. Aus diesem Grund findest du sie auch in der Übung „Gedankenhygiene" auf Seite 58.

Dabei kannst du allerdings potenziell einen großen Fehler machen, der den positiven Aspekt zunichtemachen wird: Wenn du an das denkst, wofür du dankbar bist, aber die Dankbarkeit nicht fühlst. Dann bleibst du im Kopf und löst nicht das entsprechende Gefühl in deinem Körper aus. So ist es zwar ganz nett, sich darüber Gedanken zu machen, aber letztendlich bewirkt es langfristig recht wenig.

Wirklich magisch wird die Dankbarkeitsfrage nur, wenn du das dazugehörige Gefühl mitnimmst, es sich ausdehnen lässt und es für 15 Sekunden fühlst – dies ist die ungefähre Zeit, die es braucht, damit neurobiologisch in deinem System etwas passieren kann. Wenn du dir also Gedanken darüber machst, wofür du gerade dankbar bist, dann nimm dir ausreichend Zeit und fühle in dich hinein.

## GEFÜHLSWOLKEN

### DAS ZIEL
Komme in das Gefühl der Dankbarkeit durch visuelle Unterstützung.

### ZEITLICHER RAHMEN
2–10 Minuten

### DU BRAUCHST
einen Stift und die folgenden Seiten (oder ein Blatt Papier).

### SO GEHT'S
Stelle dir die Frage: Wofür bin ich dankbar? Blättere zu den folgenden leeren Seiten oder nimm ein großes Blatt Papier und fange an, die Punkte aufzuschreiben.

Kreise jeden einzelnen Punkt ein, nachdem du ihn notiert hast, oder male eine Wolke drum herum. Nimm dir die Zeit, dich beim Niederschreiben und nach jedem notierten Aspekt im Nachgang voll und ganz auf das Gefühl einzulassen. Empfinde das Gefühl der Dankbarkeit für genau diesen Aspekt, während du den Punkt umkreist. Lasse dich hineinfallen in die Dankbarkeit für einen lieben Menschen in deinem Leben, führe dir sein liebenswertes Lächeln vor dein inneres Auge und spüre, was du fühlst. Oder empfinde die faszinierende Dankbarkeit für die Selbstverständlichkeiten, die gar nicht so selbstverständlich sind – für das Dach über deinem Kopf, das fließende Wasser in deiner Wohnung oder die Unterstützung, die du bekommst. Auch kannst du in Gedanken (oder auch in schriftlicher Form) ergänzen, warum du dafür dankbar bist. Dies kann das Gefühl noch einmal intensivieren.

Lenke deinen Fokus dabei auf deinen Körper. Schließe kurz die Augen, um es dir einfacher zu machen. Wo im Körper fühlst du die Dankbarkeit? Ist es ein helles, leichtes Gefühl in der Brust, warm und muggelig im ganzen Oberkörper oder ruhig und erdend im Bauchraum? Wenn du dem Gefühl eine Farbe zuordnen müsstest, welche wäre es? Ergänze diese Farbe in deinen Kreisen oder Wolken.

Diese Übung eignet sich gut als einmalige große Sammlung, sozusagen für einen richtigen Dankbarkeitsgefühls-Kick, aber sie entfaltet ihre wohltuende Wirkung insbesondere durch Wiederholung und Fortführung. Du kannst täglich neue Wolken ergänzen und damit Tag für Tag, Woche für Woche neue Dankbarkeitsseiten füllen. Oder du kombinierst diese visuelle Unterstützung mit der täglichen Übung der Gedankenhygiene (s. S. 58).

Finde deinen Weg, wie Dankbarkeit dich persönlich in deinem Leben bereichern und unterstützen kann.

# Das Bauchgefühl trainieren

Die einen nennen sie innere Stimme, die anderen Intuition oder Bauchgefühl: die Entscheidungskraft, die nicht im Kopf stattfindet. Diese kleine intuitive Stimme ist mal stärker, mal weniger stark ausgeprägt, je nach Person. Vielleicht schwörst du selbst darauf, dass intuitive Entscheidungen die besten sind, während dein Partner oder deine beste Freundin lieber auf die rationalere Kopfentscheidung vertraut. Ganz egal, wie du dazu stehst, eines steht fest: Die intuitive Entscheidung kommt mehr aus uns heraus und ist weniger von anderen Aspekten im Außen beeinflusst. Einen Zugang zu deiner intuitiven Stimme zu haben, kann dir daher Aufschluss darüber geben, was du gerade brauchst und was dir persönlich wichtig ist. Du bekommst über sie eine Verbindung zu dir, zu deinen Wünschen, Emotionen und Bedürfnissen. Dementsprechend ist dein Bauchgefühl die Grundlage, um ein besseres Gefühl für dich selbst zu bekommen und bewusst dafür zu sorgen, dass es dir gut geht.

Du kannst die Verbindung mit der kleinen inneren Stimme schulen, indem du ganz bewusst und wachsam auf erste Eingebungen achtest – noch bevor dein Kopf anfängt, nach „logischen" Argumenten oder Meinungen im Außen zu suchen. Was ist dein erster Impuls, deine erste Assoziation? Dafür geben wir bei dieser Übung unserem limbischen System (dem unbewussten Teil des Gehirns) freie Fahrt und locken ganz bewusst Assoziationen hervor, die in Sekundenschnelle aus dem Bauchgefühl heraus auftauchen.

## ASSOZIATIONSKETTE

### DAS ZIEL
Lerne, deinen ersten Impuls wahrzunehmen und diesem zu folgen.

### ZEITLICHER RAHMEN
15–20 Minuten

### DU BRAUCHST
einen Stift und die folgenden Seiten (oder ein Notizbuch).

### SO GEHT'S
Starte mit dem Icon einer Glühbirne. Was kommt dir als erstes in den Sinn, wenn du das siehst? Behalte diesen ersten Gedanken im Kopf und zeichne ihn mit wenigen Strichen auf. Wenn Zeichnen so gar nichts für dich ist und du absolut nicht weißt, wie du den Gedanken darstellen sollst, kannst du auch Stichworte notieren. Wenn du damit fertig bist, geht es weiter. Schaue dir das an, was du gemalt oder geschrieben hast: Was assoziierst du damit?

Versuche, immer deine erste Eingebung festzuhalten. Es gibt kein Richtig oder Falsch. Du solltest lediglich darauf achten, dass du dich nur von dem jeweiligen Begriff leiten lässt und nicht von der Verknüpfung mit den Begriffen davor. So hangelst du dich von einem Begriff zum nächsten.

Man kann diese Übung auch als Spiel im Kopf umsetzen. Wenn du gerade einen Freund, eine Freundin oder ein Familienmitglied in der Nähe hast, könnt ihr die Assoziationskette auch gemeinsam durchführen. Dafür wechselt ihr euch damit ab, Begriffe zu nennen, die ihr mit dem vorherigen Begriff eures Gegenübers assoziiert. Klingt simpel, kann aber zu lustigen und interessanten Ergebnissen führen und dich darauf trainieren, deinen ersten intuitiven Impulsen Beachtung zu schenken und aus den verkopften Gedanken herauszukommen.

**Weitere mögliche Startwörter:**

- Fußball
- Liebe
- Geheimnis
- Nachhaltigkeit

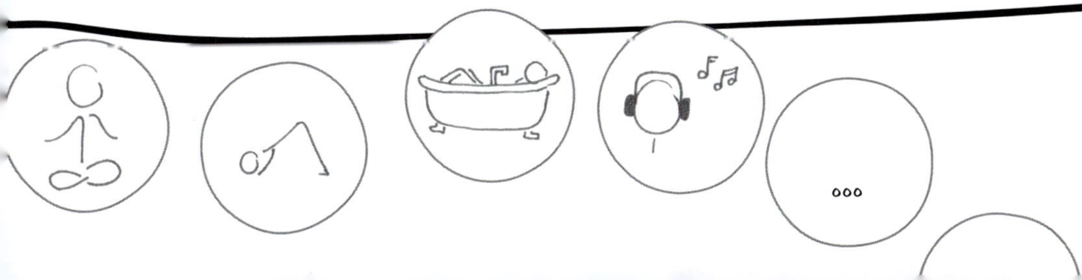

**VERVOLLSTÄNDIGE DIE REIHE:**

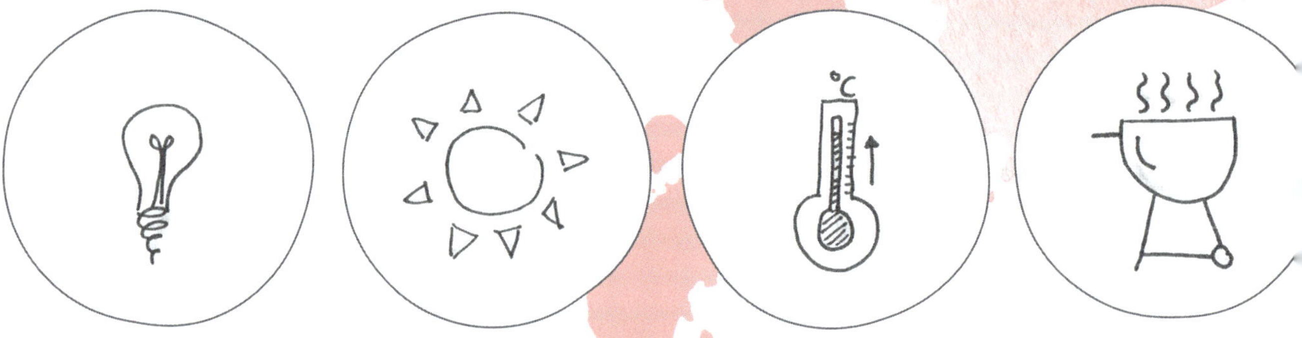

Glühbirne Sonne Hitze Grillen

**BEGINNE EINE NEUE KETTE:**

**WÄHLE DEINEN ANFANGSBEGRIFF SELBST:**

Freunde

# Ein positives Selbstbild etablieren

Dass ein positives Selbstbild unglaublich wichtig ist, muss ich dir wahrscheinlich nicht erklären. Trotzdem: Schlagwörter wie „Selbstliebe“ oder „Selbstwertgefühl“ können viele schon nicht mehr hören und bei manchen stellt sich dagegen schon direkt eine Abwehrhaltung ein. Dabei hat dieses Thema in seiner Popularität absolut seine Berechtigung.

Das liegt vor allem daran, dass unsere Selbstwahrnehmung oft verzerrt ist. Wir sind zu uns selbst viel kritischer als zu anderen. Das merkst du, wenn du einmal darauf achtest, wie du in Gedanken mit dir selbst sprichst: Gleiche einfach ab, ob du diese Worte auch zu einer dir nahestehenden Person sagen würdest. Außerdem nehmen wir Dinge, die uns leichtfallen, gar nicht mehr als Stärke wahr, weil es sich für uns selbst nicht wie eine große Leistung anfühlt – es geht ja leicht von der Hand.

Der Fokus liegt somit stets auf unseren eher negativen Eigenschaften, unseren Schwächen oder eigenem Verhalten, über das wir uns im Nachhinein ärgern. Umso wichtiger ist es, den Fokus zurechtzurücken, damit wir unsere positiven Aspekte nicht aus den Augen verlieren. Achte darauf, dass du Positives nicht als Selbstverständlichkeit annimmst. Sei stolz auf Dinge, die du mit deinem Handeln erreicht hast, und dankbar für wertvolle Eigenschaften und Talente, die du schon von klein auf hast. Kultiviere diese Wertschätzung dir gegenüber Stück für Stück.

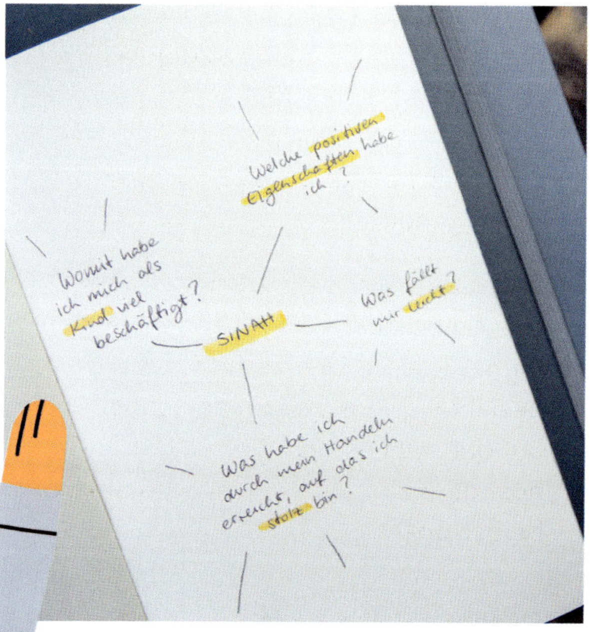

## STÄRKENDE MIND-MAP

### DAS ZIEL

Rücke deine positiven Eigenschaften und Stärken ins Licht und verschaffe dir eine wertschätzende Übersicht über dich selbst.

### DU BRAUCHST

einen Stift und die folgende Seite (oder ein Blatt Papier) sowie dir nahestehende Menschen.

### ZEITLICHER RAHMEN

30 Minuten

### SO GEHT'S

Widme dich deinem positiven Selbstbild. Was sind deine Stärken? Worauf bist du stolz? Was sehen andere in dir? Es ist ganz normal, dass es dir am Anfang schwerfallen wird, diese Fragen aus dem Stegreif zu beantworten. Aus diesem Grund ist es besonders wichtig, dass du dir Zeit nimmst und die stärkende Mind-Map nach und nach füllst.

Du kannst als ersten Schritt in deinem Kopf konkrete Situationen durchspielen, in denen du das Gefühl hattest, etwas gut zu können. Welche Stärken waren das? Welche Eigenschaften haben dir dabei geholfen?

Außerdem kannst du deinen sogenannten „authentischen Stolz" bewusst fördern. Diese Art des gesunden Stolzes bezieht sich auf deine Handlungen und auf das, was du damit erreicht hast. Wie hast du aktiv zu einer positiven Situation beigetragen?

Im zweiten Schritt kannst du dir nahestehende Personen wie Familienmitglieder oder gute Freunde befragen, welche Stärken sie bei dir sehen. Das kostet teilweise etwas Überwindung, kann dir aber ganz neue Erkenntnisse bringen, denn wir haben auf uns selbst immer einen ganz anderen (und meist viel strengeren) Blick als Außenstehende. Orientiere dich an den folgenden Fragen:

- Welche positiven Eigenschaften habe ich?
- Was fällt mir leicht?
- Was habe ich durch mein Handeln erreicht, auf das ich stolz bin?
- Womit habe ich mich als Kind gerne und viel beschäftigt? Was hat mir besonders viel Spaß gemacht?

Die letzte Frage kannst du am besten mit langjährigen Freunden, älteren Geschwistern, deinen Eltern oder deinen Großeltern besprechen. Gemeinsam könnt

Fortsetzung auf der nächsten Seite ...

ihr überlegen, was dir in der Kindheit viel Spaß gemacht hat und worin du besonders gut warst. Als Kind ist man in vielerlei Hinsicht weniger von seiner Umwelt beeinflusst, als wenn man erwachsen ist, und geht seinen Stärken eher nach. So kannst du auf ausgeprägte Eigenschaften kommen, die du inzwischen vielleicht schon längst wieder vergessen hast.

Sammle alle Aspekte auf einer Seite in Form einer Mind-Map, die du jederzeit ergänzen kannst. Notiere alles, was dir einfällt, auch wenn es über die vorgeschlagenen Fragen hinausgeht. Nutze diese Seite als Ressource, wenn du einen schlechten Tag hast und es dir schwerfällt, die eigenen inneren Schätze wertzuschätzen.

*Wenn du das Gefühl hast, dass du nicht viele positive Eigenschaften hast, und wenn dir nur wenige Dinge einfallen, auf die du stolz bist, dann nimm dir erst recht Zeit und gib nicht auf! Gerade wenn es dir schwerfällt, ist dies eine unglaublich wertvolle Übung für dich. Ich verspreche dir, du hast wundervolle Eigenschaften und irrsinnig viele Dinge, auf die du stolz sein kannst! Gehe dem nach und lerne, diese Aspekte zu sehen, denn Stolz zu empfinden, ist ein Lernprozess. Es wird dir immer leichter fallen, je öfter du dich auf die Suche machst und das Gefühl zulässt.*

# Stärken visualisieren

Diese Übung baut auf der Übung „Ein positives Selbstbild etablieren“ (S. 70) auf, denn auch hier geht es wieder um deine Stärken. Wenn du die Selbstbild-Übung schon gemacht hast, kannst du deine Ergebnisse hier mit einfließen lassen; falls nicht und wenn du Probleme mit der folgenden Übung haben solltest, mache sie zuerst und versuche es danach erneut.

Den Kern einer Sache herauszustellen und diesen klar und deutlich zu beschreiben, ist nicht einfach – aber sehr oft ausschlaggebend, beispielsweise in der Werbung, wenn Produkte mit wenigen Worten genau beschrieben werden müssen, um die Aufmerksamkeit auf sie zu lenken. Es ist wichtig, sich im Vorfeld genau damit auseinanderzusetzen, welche Werte und Aspekte vermittelt werden sollen, um dann knackige Worte zu finden, die das widerspiegeln. So entstehen Werbeslogans, Plakatüberschriften oder die Botschaften auf Verpackungen. Und wir wollen nun Werbung für uns selbst machen.

# DAS WERBEPLAKAT FÜR DEIN LEBEN

## DAS ZIEL

Stelle visuell dar, was dich ausmacht, und lerne dich so besser kennen.

## DU BRAUCHST

Bunt- oder Filzstifte und die folgende Seite.

## ZEITLICHER RAHMEN

30 Minuten

## SO GEHT'S

Stell dir vor, es gäbe einen Film über dich und dein Leben. In diesem Film wird vor allem gezeigt, wie du als Person bist und was du in deinem bisherigen Leben gemacht hast. Dabei nimmst du die Rolle der Heldin oder des Helden ein.

Auf dem Werbeplakat für den Film ist eine große Abbildung von dir zu sehen – doch wie sieht das Plakat sonst aus? Überlege dir ganz konkret:

- Was hast du darauf an?
- Wie ist dein Gesichtsausdruck?
- Wie lautet der Titel des Films?
- Welcher Untertitel würde dich als Person am besten beschreiben?
- Welche Farben wären passend?

Ergänze das Plakat auf der nächsten Seite mit deinen Ideen. Achte immer darauf, dass deine Stärken und du als heldenhafte Person deines Lebens im Mittelpunkt stehen.

*Du kannst dich und alles, was dich ausmacht, ruhig etwas überspitzt auf dem Plakat darstellen.*

**Wenn du tust,
was du immer getan hast,
wirst du bekommen,
was du immer bekommen hast.**

*Anthony Robbins*

So einleuchtend, und doch handeln wir viel zu selten danach.

# III. PERSPEKTIVE WECHSELN

## Welche Brille darf es sein?

„ALLES ist zu viel." – „Ich habe einfach NIE Zeit." – „Ich kann NICHTS." – „Es geht ALLES schief." Manchmal ist der Tag gefühlt schon gelaufen, obwohl er noch nicht einmal richtig angefangen hat, und du merkst: Heute ist alles doof. Deine To-do-Liste stresst dich enorm, wie soll man das denn eigentlich alles schaffen? Dann verpasst du auch noch den Bus, das Paket, auf das du so dringend wartest, kommt einfach nicht an und die liebsten Menschen um dich herum sind heute auch einfach nur nervig und verstehen dich nicht.

Atme.

Wir alle kennen solche Tage oder Situationen, wo plötzlich alles negativ ist.

Mein Gehirn ist da ganz vorne mit dabei: Ich rutsche so schwungvoll in diese Momente rein wie im Schwimmbad von der Wasserbahn ins Becken. Dann kommt mein Kopf auf Hochtouren und sammelt bis ins kleinste Detail alles, was gerade schiefläuft. Was das angeht, ist er wirklich gründlich! Er stellt eine ausführliche Liste der Alles-doof-Dinge zusammen und betet sie mir ziemlich aufdringlich und durchgehend im Kopf vor...

Das geht so lange weiter, bis mir auffällt, was hier gerade eigentlich absurderweise abgeht. Und dann klettere ich raus aus dem Dramabecken und betrachte das Ganze von außen. Und ich realisiere: Ich bin gerade selbst dabei, mir meine Stimmung mies zu machen, von meinem eigenen Kopf gesteuert, also von *mir selbst*. Ich erkenne, dass mein Hirn ganz schön dramatisch sein kann, und werfe deswegen erneut einen prüfenden Blick auf diese schreckliche Alles-doof-Liste. Und manchmal muss ich dann lachen:

- Meine Freundin möchte bestimmt unsere Freundschaft beenden, weil die letzte Nachricht ohne Smiley geschickt wurde und sie nun schon den ganzen Tag nicht antwortet.
- Mein ganzer Tag ist im Eimer, weil dieser k*ck Bus nicht auf mich gewartet hat.

- Schmutzige Wäsche NEBEN dem Wäschekorb ... *arrrgh* (Ja, manchmal ist mein Gehirn so sehr im Rausch, dass die Sätze nicht einmal richtig ausformuliert werden.)

Und dann kann ich durchatmen. Denn ich habe realisiert, dass ich gerade durch die „Es ist alles so schrecklich“-Brille schaue. Und ich kann mich fragen: Gibt es eine andere, positivere Brille, eine stärkendere Perspektive, die ich wählen könnte?

Daraufhin rumort es in meinem Kopf. Diese Umbauphase kann ein paar Atemzüge dauern, denn die Betrachtung muss ja komplett auf „positiver“ umgestellt werden. Und dann stelle ich fest, dass die Freundin halt gerade bei der Arbeit ist und mir erst heute Abend schreibt (so wie eigentlich immer), und dass ich nur 10 Minuten auf den nächsten Bus warten muss und eine kurze Nachricht an meine Kolleginnen reicht, damit der Tagesablauf weiterhin wie geplant passt. Was dann passiert, ist wirklich spannend: Ich nehme wahr, was da noch so ist. Dann kann ich sogar genießen, dass ich nun 10 Minuten in der Sonne sitze, einfach atme und mich am Vogelzwitschern erfreuen kann.

Was ich mit diesem kleinen Ausflug in mein Gehirn zeigen möchte, ist, dass du immer mit einer gewissen Brille auf alles schaust. Aus einer ganz bestimmten Perspektive, die von deinen Erfahrungen und Erlebnissen geprägt ist. Und es fällt uns schwer zu verstehen, dass es nicht die eine richtige Perspektive gibt. Es gibt nicht die eine Wahrheit, nicht die neutrale Brille, mit der du die Welt siehst, wie sie wirklich ist. Nein, du trägst immer eine gewisse Einstellung mit dir herum – und du darfst überprüfen und entscheiden, welche das ist.

Die unterschiedlichen Perspektiven haben auch einen starken Einfluss auf die Meinung über dich selbst – über deine „Stärken“ und „Schwächen“. Deine vermeintlich negativen Eigenschaften können sich mit einer wertschätzenden Brille um 180 Grad wandeln. Dann wird aus der Überzeugung, dass du ein sturer Mensch bist, plötzlich die wertschätzende Betrachtung, dass du besonders gut deinen eigenen Standpunkt vertreten kannst und für dich und andere einstehst.

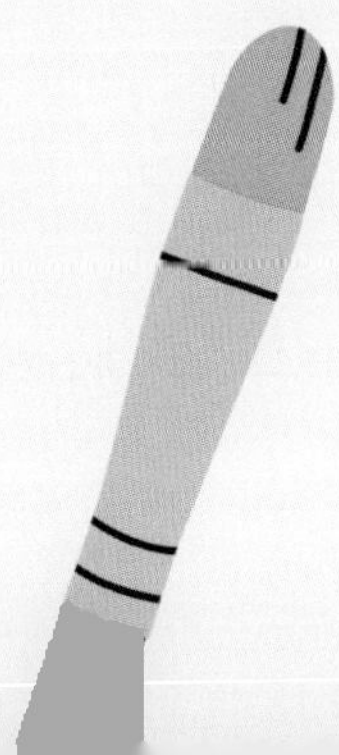

# Glaubenssätze umformulieren

Kennst du diese kleine Stimme im Kopf, die dir tagtäglich Dinge über dich selbst erzählt? Das können positive Worte sein, wenn sie dich für kleine Erfolge lobt, dich motiviert oder dir Komplimente macht, wenn du an einem Spiegel vorbeigehst. Aber wenn wir mal ganz ehrlich sind, ist diese Stimme viel öfter eher negativ eingestellt. Sie kritisiert, wie wir aussehen, verurteilt, wie wir uns in einer Situation verhalten haben, und redet uns ein, dass wir bestimmte Dinge nie erreichen werden.

Diese Annahmen über dich selbst werden auch Glaubenssätze genannt: Sätze, die du in deiner Vergangenheit unbewusst aufgenommen und als Wahrheit abgespeichert hast. Sie sind für uns selbst oft so selbstverständlich, dass es eine Weile braucht, um diese limitierenden Glaubenssätze zu erkennen und auf ihren Wahrheitsgehalt hin zu überprüfen. Vielleicht weißt du auch schon im Kopf, dass sie nicht stimmen, aber es ist noch nicht bei deinem Unterbewusstsein angekommen.

Beim Thema Selbstfürsorge sind folgende Selbstannahmen, die dich unbewusst zurückhalten, weit verbreitet:

- Etwas nur für mich zu machen, ist egoistisch.
- Nur wenn ich produktiv bin, bin ich wichtig.
- Ich habe zu wenig Zeit.
- Ich muss alles unter Kontrolle haben.

Diese tief verankerten Überzeugungen haben mehr Einfluss auf unser Leben, als wir glauben. Sie beeinflussen, wie wir uns in Entscheidungssituationen fühlen, und steuern damit, wie wir uns verhalten und was wir tun. Und dann entscheiden wir uns immer wieder dafür, eine neue Aufgabe anzunehmen, für die wir keine Kapazitäten haben – einfach weil uns unser Gefühl vermittelt, dass wir nur wichtig und wertvoll sind, wenn wir fleißig sind. Oft merken wir in diesen Situationen gar nicht, dass es nur ein (oft sehr alter) Glaubenssatz ist, der uns lenkt, und nicht die realistische Einschätzung der Situation.

Selbstüberzeugungen zu verändern, geht nicht von heute auf morgen. Sie heißen Glaubenssätze, weil unser Unterbewusstsein tief und fest daran glaubt. Sie haben sich über viele Jahre eingeschlichen und gefestigt. Nichtsdestotrotz kannst du sehr bewusst diese alten Denkmuster auf die Probe stellen und Stück für Stück neue Annahmen über dich selbst verinnerlichen, die einen positiven Einfluss auf dein Selbstbild und so auf dein Handeln haben. Hierzu kannst du dir sogenannte positive Affirmationen zu Nutze machen.

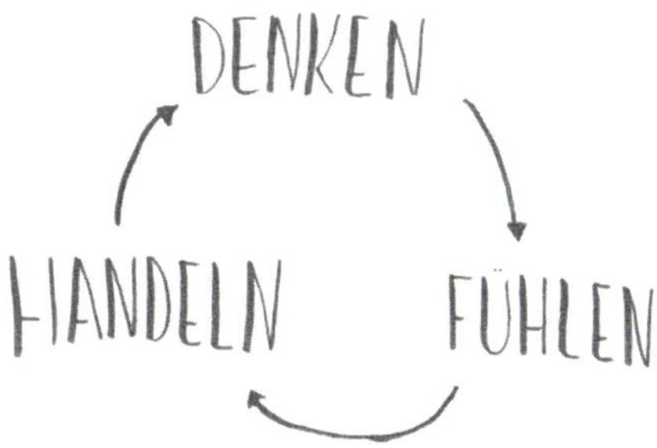

## ICH BIN, WAS ICH DENKE

DAS ZIEL

Verinnerliche Stück für Stück neue, positive Selbstannahmen.

ZEITLICHER RAHMEN

Einmal 15 Minuten, dann mindestens drei Wochen lang 1 Minute täglich

DU BRAUCHST

einen Stift, die folgende Seite (oder ein Blatt Papier) und einen Klebezettel.

SO GEHT'S

Schaue dir die Sätze auf der nächsten Seite an und entscheide intuitiv, welche Selbstannahme sich positiv für dich auswirken würde. Welcher Satz würde dich unterstützen, wenn du ihn tief verinnerlicht hättest? Schreibe ihn auf der folgenden Seite auf. Vertraue bei der Auswahl ganz auf dein Gefühl und passe bei Bedarf die Formulierung an, sodass es sich für dich stimmig anfühlt.

Fortsetzung auf der nächsten Seite ...

- Ich darf Fehler machen und daraus lernen.
- Ich bin wertvoll, egal was ich leiste.
- Ich darf mir selbst vertrauen.
- Ich darf Nein sagen.
- Ich habe es verdient, glücklich zu sein und ein erfülltes Leben zu führen.
- Ich bin es mir wert, mir Zeit für mich selbst zu nehmen.

Du kannst dir auch einen ganz eigenen Satz formulieren, der dich vielleicht schon länger beschäftigt.

Positive Affirmationen sind kurze positive Sätze, die du immer wieder zu dir selbst sagst – entweder laut oder nur in Gedanken. Damit legst du den Fokus auf ein neues Denkmuster, das dir von Mal zu Mal vertrauter vorkommen wird, denn du stärkst den Trampelpfad dieser Selbstüberzeugung in deinem Gehirn (s. S. 13). Sobald dieser Glaubenssatz etwas gefestigt ist, wird dein Unterbewusstsein dir ganz von alleine helfen, dich in entsprechenden Situationen anders zu fühlen und anders zu verhalten.

Damit der neue Glaubenssatz nicht in Vergessenheit gerät, schreibe deine Affirmation auf einen Klebezettel und klebe ihn an den Spiegel. Jedes Mal, wenn du in den Spiegel schaust, sagst du diesen Satz zu dir selbst – entweder nur still im Kopf oder, noch besser, laut und deutlich. Lege den Fokus besonders darauf, wie du das dazugehörige Gefühl in dir aktivieren kannst. Versuche, dieses Gefühl bewusst ca. 15 Sekunden lang in deinem Körper zu fühlen. Hab Geduld und führe diese Mini-Übung über mehrere Wochen aus: Mit der Zeit werden sich dein Satz und die dazugehörige Einstellung in dir festigen.

Damit das Ganze wirklich funktioniert, gibt es einige Dinge zu beachten:

- Dein Satz muss positiv formuliert sein und in der Gegenwartform stehen, zum Beispiel „Ich bin kreativ." statt „Ich möchte nicht mehr ideenlos sein." oder „Ich werde kreativ sein."
- Schreibe so viele Details wie möglich zu deinem Ziel auf, sodass du deinem Unterbewusstsein ein ganz konkretes Bild „schicken" kannst, zum Beispiel: „Ich bin kreativ und fühle mich dabei ausgelassen. Ich arbeite täglich mit Leichtigkeit mit meinen Händen und erschaffe neue ästhetische Dinge, die mich glücklich machen."

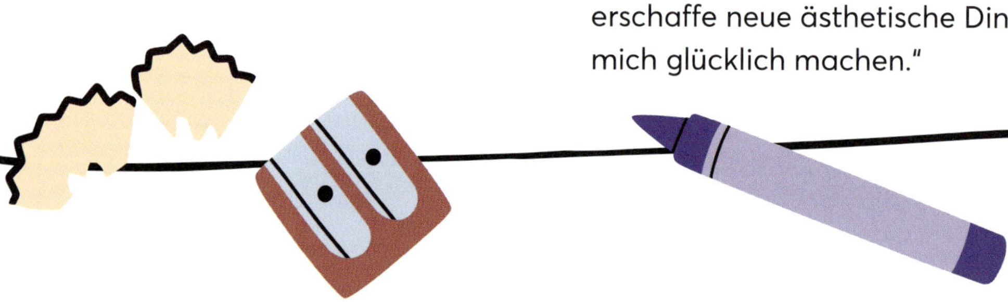

- Gab es schon einmal eine Situation, in der du dieses Gefühl (wenn auch nur ganz kurz oder wenig ausgeprägt) gefühlt hast? Einen klitzekleinen Moment, in dem du dich kreativ, ausgeglichen, stolz, verbunden, geliebt etc. gefühlt hast? Versetze dich in das Gefühl dieser Situation zurück, während du deine Affirmation liest. Wie würde es sich anfühlen, wenn du diesen Satz schon zu 100 Prozent verinnerlicht hättest?
- Wie würde sich eine Person verhalten, die genau das über sich selbst glaubt? Welche Dinge würde sie machen, wie ist ihre Einstellung, was würde sie sagen? Denke auch an Kleinigkeiten und Veränderungen im Auftreten, in der inneren sowie der äußeren Haltung. Schreibe dir diese Aspekte auf.

*Achte auf deine Worte,*
*denn sie kreieren deine Welt!*
*Unbekannt*

WERDE AKTIV!

# Anspannung mit Entspannung lösen

Das Leben ist ein Wechselspiel zwischen Anspannung und Entspannung. Für unsere Zufriedenheit brauchen wir beides: die Anspannung, die uns antreibt und aktiv werden lässt, und die Entspannung, die uns wieder runterkommen und auftanken lässt. In unserem vegetativen Nervensystem haben wir deswegen zwei unterschiedliche Areale, die angesteuert werden: Bei anspannenden Tätigkeiten wird der Sympathikus aktiv, bei entspannenden Tätigkeiten steuern wir derweil den Parasympathikus an.

In unserer heutigen Welt haben wir oft mit einer zu großen und vor allem lange anhaltenden Anspannung zu kämpfen, ob durch berufliche Herausforderungen, soziale Konflikte oder Verantwortung im Alltag. Aber auch Grübelgedanken können Stress auslösen und damit den Sympathikus ansteuern. Deshalb ist es unglaublich wichtig, bewusst körperliche und emotionale Entspannung in unseren Alltag einzubauen. Wie das Ausatmen zum Einatmen gehört, gehört auch bewusst gewählte Entspannung zu einem Alltag mit Anspannung.

# GEZIELT ENTSPANNEN

## DAS ZIEL
Etabliere Routinen, mit denen du dich bewusst und regelmäßig richtig (!) entspannen kannst.

## ZEITLICHER RAHMEN
20–40 Minuten, die nächsten vier Wochen lang mehrmals pro Woche

## DU BRAUCHST
einen Stift und die folgende Seite (oder ein Blatt Papier), Zeit für dich sowie das, was dich entspannt.

## SO GEHT'S
In dieser Übung geht es darum, dir bewusst zu machen, mit welchen Tätigkeiten du aktuell schon entspannen kannst und welche du zukünftig intensivieren oder für dich neu entdecken kannst. Natürlich bringen auch insbesondere kreative Auszeiten mit Pinsel und Stift Entspannung, wie du sie in vielen Übungen in diesem Buch findest, aber entspannende Tätigkeiten dürfen vielfältig sein, weshalb wir für diese Übung einmal den Pinsel zur Seite legen.

Mache dir Gedanken und erstelle eine Liste zur Fragestellung: Wann habe ich mich in den letzten Wochen entspannt und sicher gefühlt? Gehe auf die Suche und schreibe größere wie auch klitzekleine Momente auf. Vielleicht bezieht es sich auf eine Tätigkeit, vielleicht auf den Ort oder auf die Personen, mit denen du dich umgeben hast. Dann lies die fertige Liste durch: Was kannst du noch häufiger und vielleicht als richtiges Ritual in deinen Alltag einbauen?

Wichtig ist zu verstehen, dass manche Tätigkeiten einen „geschummelten" Entspannungseffekt haben können. Das sind oft die Situationen, in denen du dich berieseln lässt. Vor dem Fernseher zu versacken oder das Internet zu durchforsten, zählt dazu, da du durch all die äußeren Reize oft aktuelle Gefühle wegdrückst und dein Unterbewusstsein von der eigentlichen Arbeit abhältst. Es handelt sich also um „Wirklichkeitsflucht". Das fühlt sich kurzfristig entspannend an, hat aber nicht den regenerativen Effekt, den echte entspannende Tätigkeiten mit sich bringen.

Wähle zusätzlich zu deinen eigenen Ideen aus der folgenden Liste eine bis zwei Entspannungsmöglichkeiten aus, die gut zu dir passen, die dich ansprechen und die du (neu) ausprobieren kannst.

- Meditieren (s. auch S. 36 und 42)
- Einen Spa-Abend mit einem ausgiebigen Bad, Kerzenschein und Hautpflege einlegen
- Ein Instrument spielen und nur für dich alleine dazu singen
- Musik hören ohne eine andere Beschäftigung, sodass du diese voll und ganz wahrnimmst
- Yoga-Übungen machen
- Dich bewusst für eine längere Zeit ohne Ablenkung mit deinem Haustier beschäftigen
- Spazieren gehen ohne Handy (bzw. mit dem Handy im Flugmodus, wenn du Musik hören möchtest)

*Wann habe ich mich in den letzten Wochen entspannt und sicher gefühlt?*

*Was möchte ich neu ausprobieren?*

*Wann möchte ich etwas zu einem neuen Entspannungsritual werden lassen?*

# IM CHAOS ETWAS ERKENNEN

„Creativity is seeing what everyone else has seen, and thinking what no one else has thought." Dieses Zitat von Albert Einstein bringt ziemlich genau auf den Punkt, dass auch im kreativen Denken der Perspektivwechsel von Bedeutung ist: Es geht immer darum, in Dingen oder Situationen nicht nur das Offensichtliche zu sehen, sondern den Blickwinkel zu verändern und neue Wege einzuschlagen.

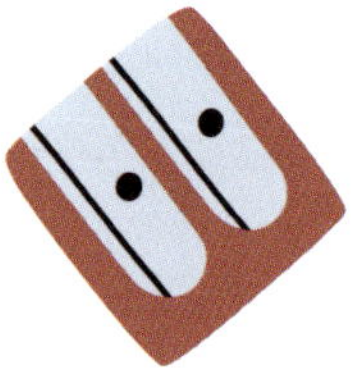

Je nachdem, welche Perspektivbrille du gerade trägst, nimmst du dich selbst, die äußeren Umstände und auch kreative Prozesse unterschiedlich wahr. Um dich für den Perspektivwechsel zu öffnen, hilft es, dies in kleinem Maßstab zu üben. So merkst du, was es ausmacht, den Fokus bewusst auf etwas anderes zu setzen und Neues zu entdecken, das im ersten Moment nicht ersichtlich erscheint.

Diese Suche nach einem neuen Blickwinkel kann mit der folgenden Übung auf sehr spaßige und verspielte Art trainiert werden!

*Creativity is seeing what everyone else has seen, and thinking what no one else has thought.*

Albert Einstein

## AUS DEM ZUFALL HERAUS

### DAS ZIEL
Ändere deinen Blickwinkel und erkenne in einem zufälligen Ergebnis etwas nicht Offensichtliches.

### DU BRAUCHST
dickeres Papier (möglichst über 200 g/$m^2$), Filzstifte (auf Wasserbasis), eine Klarsichtfolie und Wasser.

### ZEITLICHER RAHMEN
20 Minuten

### SO GEHT'S
Schnappe dir deine Materialien und verteile mit verschiedenfarbigen Filzstiften jeweils flächig etwas Farbe auf der Klarsichtfolie. Das kannst du ganz frei machen, es gibt keine Regeln dafür. (Du wirst keine gleichmäßigen Flächen malen können, aber darum geht es auch nicht.) Träufle dann mit den Fingern oder einer Sprühflasche möglichst gleichmäßig ein paar (nicht zu große) Tropfen Wasser auf die Farbe auf deiner Folie.

Als nächstes legst du dir dein Papier bereit, hebst die Folie an und drehst sie schnell um, sodass die Farbseite nach unten zeigt. Achtung: Es kann sein, dass dabei etwas Wasser heruntertropft. Nun legst du die Folie auf das Papier und drückst sie darauf an. Verteile mit den Fingern oder durch das Bewegen der Folie das Farbwasser ein bisschen auf dem Papier. Dann nimmst du die Folie ab und lässt die Farbkleckse gut trocknen.

Es müsste nun mindestens ein wilder Farbfleck auf deinem Papier zu sehen sein. Was erkennst du darin? Erinnern dich die Umrisse oder etwas innerhalb des Fleckes an einen Gegenstand oder an ein Tier? Drehe das Papier in alle Richtungen, um eine Perspektive zu finden, aus der du etwas erkennen kannst. Wenn du etwas entdeckst, nimm einen Stift zur Hand und zeichne auf dem mittlerweile getrockneten Fleck das nach, was du gesehen hast. Vielleicht reichen wenige Striche, um es zu verdeutlichen, vielleicht musst du aber auch komplett über den Fleck hinweg zeichnen.

Gib deinem Kunstwerk zum Schluss einen Namen, der (mehr oder weniger offensichtlich) auf das hinweist, was du in dem Fleck entdeckt hast.

# Sich in andere hineinversetzen

Wir sind soziale Wesen, brauchen den authentischen Austausch mit anderen und können unglaublich viel daraus ziehen, anderer Menschen Blickwinkel kennenzulernen und einen kleinen Einblick zu erhaschen, wie sie durch ihre ganz persönliche Brille auf die Dinge schauen. Wir erweitern dadurch unseren Horizont, lernen neue Ansichten kennen, erkennen die Bedürfnisse der anderen, wodurch sich auch unsere eigenen Meinungen und Überzeugungen wandeln können, und das ist unglaublich fruchtbar. Dabei ist es auch erst einmal egal, ob wir uns der anderen Ansicht anschließen oder deutlich davon abgrenzen – wir beleuchten einen neuen Blickwinkel und alleine das bringt uns weiter.

Du kannst dich mit dem Blickwinkel anderer Menschen beschäftigen, ohne direkt in eine tiefe Konversation zu starten. Dafür musst du dich nur in eine andere Person hineinversetzen und aus ihrer Perspektive heraus denken. Das führt zum einen zu neuen Perspektiven und fördert zum anderen dein Einfühlungsvermögen und deine Vorstellungskraft.

Da es in der folgenden Übung darum geht, das Leben einer Person auszuschmücken, die du gar nicht kennst, trainierst du damit auch deine kreative Ideenfindung. Lasse deine Gedanken frei herumspinnen!

## ERFINDE DAS LEBEN EINES ANDEREN

### DAS ZIEL

Ändere den Blickwinkel, versetze dich in andere Personen hinein und gib dich voll und ganz deiner Fantasie hin.

### ZEITLICHER RAHMEN

30 Minuten

### DU BRAUCHST

einen Stift, dieses Buch und darin die folgenden Seiten (oder ein Notizbuch) und einen Platz in einem Café oder an einem anderen öffentlichen Ort.

### SO GEHT'S

Am besten machst du diese Übung an einem Ort, an dem du gut Menschen beobachten kannst. Setze dich gemütlich hin und fange damit an, die Personen um dich herum zu beobachten. Wer befindet sich alles in deiner Umgebung? Welche Person wirkt auf dich interessant?

Betrachte diese Person für einen Moment und achte darauf, wie sie sich verhält, was sie tut und welche Besonderheiten dir auffallen: Trägt sie auffällige Kleidung? Hat sie Tattoos? Was hat sie dabei? Achte dabei darauf, dass du niemanden direkt anstarrst, denn du möchtest ja nicht, dass sich irgendjemand unangenehm beobachtet fühlt.

Greife nun zum Stift und beginne damit, eine kurze Geschichte aus dem Leben dieser Person zu schreiben. Du kannst dir zum Beispiel ausdenken, was die Person den ganzen Morgen über gemacht hat. Was ist ihr passiert? Wie hat sie sich dabei gefühlt? Was waren ihre Beweggründe? Versuche, alles miteinzubeziehen, was dir an dieser Person auffällt.

Du kannst folgende Fragen über die Person in deiner Geschichte beantworten:

- Wo lebt diese Person?
- Mit wem lebt sie zusammen?
- Was beschäftigt diese Person am heutigen Tag? Was sind ihre Sorgen und Wünsche?
- Wem steht diese Person nahe?
- Wie ist ihre Beziehung zu anderen Menschen?

# Die Komfortzone verlassen

Kennst du den Spruch „Das Glück liegt außerhalb deiner Komfortzone“? Darin steckt unglaublich viel Wahrheit. Es gibt eine Menge zu entdecken, zu lernen und zu erleben außerhalb des Bereiches, in dem wir uns sicher und wohl fühlen. Das klingt zuerst vielleicht widersprüchlich, da beim Thema Selbstfürsorge das Zurückbringen des Wohlbefindens im Mittelpunkt steht, aber gerade um für dich und deine (seelischen) Bedürfnisse einzustehen, ist es sehr wohltuend, mal einen Schritt aus der Komfortzone heraus zu wagen.

Darauf sind wir Menschen nur leider grundsätzlich nicht konditioniert, unser Gehirn geht per se davon aus, dass es für uns am sichersten ist, in der gewohnten Umgebung zu bleiben. Aus diesem Grund kostet es immer etwas innere Überwindung und Kraft, aus der Komfortzone herauszukommen. Aber es lohnt sich!

Und es ist zum Glück eine Sache, die man sehr gut trainieren kann. Wenn du es schaffst, dich bereits im Kleinen für neue, unbekannte Dinge zu öffnen und deinen Blickwinkel zu verändern, dann wird dir das Verlassen der Komfortzone immer leichter fallen. Und das hilft dir, selbstbestimmt Dinge in deinem aktuellen Alltag zu verändern, und steigert auch deine Selbstwirksamkeit.

## EIN TAG GANZ ANDERS

DAS ZIEL

Verlasse deine Komfortzone und entwickle Freude daran, Neues auszuprobieren.

ZEITLICHER RAHMEN

15 Minuten und einen ganzen darauffolgenden Tag

DU BRAUCHST

einen Stift, die folgenden Seiten und dich selbst

## SO GEHT'S

Schreibe auf den folgenden Seiten vier Dinge auf, die du morgen komplett anders machen möchtest, als du sie bisher getan hast. Dabei geht es darum, deinen gewohnten Ablauf zu verändern. Plane ein, dass dabei alltägliche Sachen plötzlich uneffektiver werden und du mehr Zeit dafür brauchst, aber lasse dich davon nicht hemmen: Am folgenden Tag darf alles ineffizient sein, Hauptsache, es ist in irgendeiner Weise anders als sonst und fordert dich ein bisschen heraus.

Falls dich die Übung in deiner Tagesgestaltung zu stark einschränken sollte (zum Beispiel bei der Arbeit, in der Uni oder in der Schule), dann versuche, die vier Dinge auf Tätigkeiten außerhalb deiner Verpflichtungen zu beschränken. Falls auch das nicht möglich ist, dann wähle einen Tag am Wochenende aus. Wichtig ist nur, dass der Tag nicht in allzu weiter Ferne liegt und dass du die Veränderung bewusst planst und auch wirklich umsetzt.

Baue zusätzlich zu deinen eigenen vier Veränderungen zwei der vier folgenden Ideen in deinen Tag ein und notiere dir auch diese auf deinem Plan:

1. Bewege dich auf eine andere Art und Weise fort. Nimm die Bahn, wenn du sonst mit dem Auto fährst. Gehe zu Fuß, wenn du sonst das Fahrrad nimmst. Oder versuche, per Anhalter von A nach B zu kommen. Suche dir einen anderen Weg, den du noch nie gegangen bist (auch wenn du doppelt so lange unterwegs bist!).

2. Frühstücke an einem anderen Ort. Je ungewöhnlicher, desto besser! Setze dich zum Beispiel in das Treppenhaus deines Wohnhauses oder auf den Rasen einer Verkehrsinsel.

3. Kaufe Lebensmittel, die sonst nicht auf dem Einkaufszettel stehen, und versuche, etwas Leckeres damit zu kochen. Wie wäre es mit etwas Unbekanntem aus dem Asialaden oder einer Gemüseart, die du noch nie probiert hast?

4. Lasse dein Handy zu Hause liegen. Am besten den ganzen Tag!

*Bereiten dir die gewählten Veränderungen ein bisschen Bauchschmerzen, weil du nun etwas machen sollst, was du sonst nie so machst und noch nie gemacht hast? Dann bist du auf dem richtigen Weg! Habe Spaß an der Sache und genieße das Ungewöhnliche.*

# Den Fokus lenken

Wahrscheinlich kennst du das Prinzip der Inspirationscollagen oder „Visionboards“ oder hast solche Boards zumindest schon einmal gesehen. Sie dienen dazu, deine Gedanken und dein Unterbewusstsein in eine bestimmte Richtung zu lenken, um deine Ziele zu erreichen oder um die Dinge, die dir wirklich wichtig sind, nicht aus den Augen zu verlieren.

Die Möglichkeiten, wie du den Platz über deinem Schreibtisch oder eine andere freie Fläche für eine Collage nutzen kannst, sind unbegrenzt, allerdings gibt es ein paar Dinge zu beachten, damit das Board nicht nur eine schöne Zimmerdekoration ist, sondern dich auch wirklich bei dem unterstützt, was dir wichtig ist.

So ein Board dient dazu, dass du dich im ersten Schritt intensiver mit Dingen auseinandersetzt, die dir etwas bedeuten und auf die du deinen Fokus lenken möchtest. Diese stellst du visuell dar und beschäftigst dich schon dabei damit, was sie für dich konkret bedeuten. Du überträgst die Vorstellung aus deinem Kopf in Bilder, die wiederum Gefühle übertragen. Im zweiten Schritt funktioniert dein Board dann als unbewusste Erinnerungshilfe, um deine Themen nicht aus den Augen zu verlieren.

Das Unterbewusstsein nimmt viel mehr wahr, als wir mitbekommen. Unser Gehirn nimmt sekündlich ca. 11 Millionen Sinneseindrücke wahr. Da dies für unser Bewusstsein viel zu viele Reize sind, werden diese extrem stark gefiltert, sodass wir letztendlich nur 40 bis 70 Sinneseindrücke bewusst wahrnehmen. Unser Unterbewusstsein bekommt aber deutlich mehr mit.

Da das Unterbewusstsein visuelle Reize besonders gut aufnehmen kann, machen wir es uns zunutze und teilen ihm quasi nebenbei mit, was uns aktuell wichtig ist. Wir lenken es also in die richtige Richtung.

Der Effekt kann sein, dass sich unsere selektive Wahrnehmung hin zu den Themen und Gefühlen auf unserem Board verschiebt. „Wie aus dem Nichts“ kommt dir ein Geistesblitz, wie du deinem Ziel näherkommen könntest, oder dir fällt ganz plötzlich beispielsweise ein zwischen zig anderen Unterlagen herumliegender Flyer auf, der dir Tipps zu einer Reise gibt, die du schon immer machen wolltest: Dein Unterbewusstsein hat gelernt, was dir wichtig ist, und sucht ganz gezielt nach Lösungen für dich!

## EIN VISIONBOARD FÜR DEIN UNTERBEWUSSTSEIN

### DAS ZIEL

Erstelle ein ganz persönliches Visionboard mit den Themen, die dir wichtig sind.

### ZEITLICHER RAHMEN

1 Stunde

### DU BRAUCHST

einen Hintergrund (Korkwand, Magnetwand, Gitter, Pappe) und Zeitschriften, Ausdrucke, persönliche Fotos, illustrierte Lieblingszitate, Objekte mit Bedeutung.

### SO GEHT'S

Suche dir zunächst einen passenden Untergrund für dein Board aus. Besonders praktikabel sind Kork- oder Magnetwände, auf denen du mit Stecknadeln oder Magneten arbeitest, aber du kannst auch ein großes Gitter nehmen und deine Inspirationen mit Klammern daran befestigen. Pinne auf deinen Untergrund nun alles, was dich inspiriert, zum Beispiel themenbezogene Grafiken und Fotos.

Wenn du möchtest, kannst du dir eine Collage machen, die sich auf ein bestimmtes Thema oder Projekt in deinem Leben bezieht. Du kannst Reiseziele darstellen, Freizeitaktivitäten in den Mittelpunkt rücken oder kreative Projekte sammeln – die Frage dabei sollte immer sein: Wovon möchte ich mehr? Worauf möchte ich meinen Fokus legen? Du kannst aber auch ein Board ganz ohne konkreten Bezug zu einem Projekt gestalten.

Lasse dich etwa von Zeitschriften inspirieren: Blättere hindurch und immer, wenn dir eine Abbildung, ein Foto oder ein Zitat irgendwie ins Auge fällt und dich emotional anspricht, reißt du die Seite heraus und legst sie vor dich. Das machst du so lange, bis du vor dir eine Sammlung von Visualisierungen hast, die etwas in dir auslösen. Gleiches kannst du natürlich auch online machen und dir die ausgesuchten Fotos, Grafiken und Abbildungen ausdrucken.

Als weitere Komponente für dein Board eignen sich persönliche Fotos, die dich in bestimmte Situationen zurückversetzen und damit konkret mit einem Gefühl verbunden sind, welches du bei ihrem Betrachten wieder aufleben lassen kannst.

Vielleicht hast du schon bestimmte Lieblingszitate oder Vorbilder im Kopf, die dich inspirieren oder die du mit bestimmten Dingen assoziierst. Dann gehören auch die Zitate und Fotos deiner Vorbilder mit auf das Board.

Und zu guter Letzt kannst du dir Objekte suchen, die deine Sammlung noch vielfältiger machen. Wie wäre es mit schön gemusterten Stoffresten, die in dir das Gefühl von Frühling auslösen? Oder die

Fortsetzung auf der nächsten Seite ...

Lieblingskette, die dir immer eine gute Portion Selbstbewusstsein gibt? Mit kleinen Haken kannst du alles auf deinem Board befestigen.

Lasse dich bei der Anordnung der Fundstücke von deiner Intuition leiten. Wie sieht die Zusammenstellung für dich harmonisch aus? Es ist dir überlassen, ob du alles wild überlappend anbringen möchtest oder ob dir mehr Struktur lieber ist. Mein Tipp ist, eine Struktur zu wählen, die sich leicht ergänzen lässt, damit du nicht gehemmt bist, neue Dinge anzubringen.

*Bei diesem Prozess ist es wichtig, dass du dich von deinen Gefühlen leiten lässt und nicht verkrampft nach etwas Bestimmtem suchst. Daher rate ich dir, auf jeden Fall immer auch mit Zeitschriften zu arbeiten, denn wenn deine Hände mit dem Umblättern und Ausschneiden beschäftigt sind, denkst du nicht darüber nach, dass du auf der Suche nach etwas bist, und wählst die Bilder intuitiver aus.*

## MATERIAL FÜR DEIN INSPIRATIONSBOARD:

Reste deiner Lieblingsstoffe für mehr Vielfalt

ein Gitter als Untergrund

persönliche Fotos

Seiten aus Zeitschriften

illustrierte Lieblingssprüche

Omas Kette und Boho-Federn als persönliche Erinnerungen

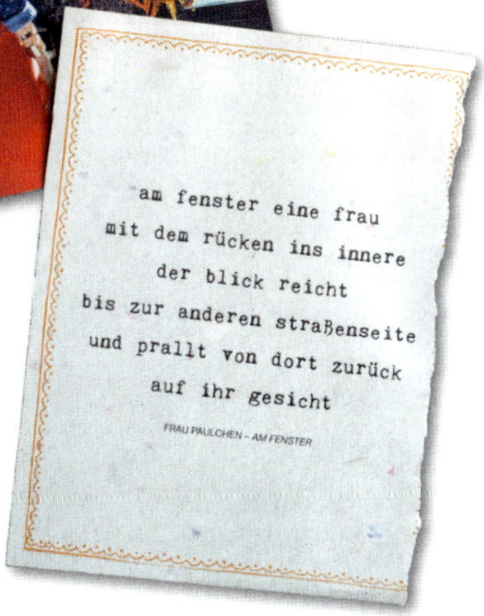
am fenster eine frau
mit dem rücken ins innere
der blick reicht
bis zur anderen straßenseite
und prallt von dort zurück
auf ihr gesicht

FRAU PAULCHEN – AM FENSTER

Ich suche mir Magazine und Zeitschriften inzwischen auch nach den abgebildeten Fotos, Sprüchen und Illustrationen aus, da ich es liebe, diese weiterzuverwenden.

# Bekanntes neu bewerten

Wenn wir bekannte Dinge sehen, sortiert unser Gehirn diese sofort in die passende Schublade hinein, indem es das Gesehene mit schon bestehenden Erinnerungen verbindet. Das kann praktisch sein und spart Energie. Siehst du beispielsweise ein Foto von einem Strand, erkennst du sofort, dass das Blaue das Wasser ist, das Gelbe der Sand und das Dunkelgrüne im Hintergrund ein Waldrand. Dafür musst du gar nicht nachdenken, denn dir ist das Gesehene sehr vertraut.

Was ist aber, wenn wir Dinge, die wir wahrnehmen, nicht gleich in einer Schublade verstauen möchten? Wenn wir bewusst und achtsam hinschauen, ohne das Erlebte oder Gesehene direkt einzuordnen und zu interpretieren? Dann siehst du auf dem gleichen Foto plötzlich eine große gelbe Fläche, die nicht ganz gleichmäßig ist; sie ist an manchen Stellen heller, an anderen dunkler. Du siehst eine Kante am Übergang zum Blau, die weiß-grau „verziert“ ist und in einer erstaunlich gleichmäßigen Wellenform verläuft. Du siehst den Horizont, der letztendlich eine ziemlich gerade Linie ist und im Kontrast zur geschwungenen Sand-Wasser-Grenze steht. Die Bäume im Hintergrund kreieren mit ihren emporragenden Wipfeln eine Zick-Zack-Linie, die sie vom klaren Hellblau des Himmels abtrennt.

Du siehst: Alles, was auf einem Foto dargestellt ist, kannst du inhaltlich betrachten und interpretieren. Oder du schaust dir nur die Farben, Strukturen und Muster an, die sich finden und daraus ergeben. Sich von der direkten Interpretation zu lösen und Dinge erst einmal als das zu erkennen, was sie wirklich sind – beim Bild: Linien und Muster –, kannst du mit der folgenden Übung trainieren.

Da du ja schon weißt, dass wir alles durch eine gewisse Brille betrachten, kann es in vielen Situationen hilfreich sein, die Interpretation der Situation noch einmal zu überdenken und, so neutral wie möglich, sich auf die einzelnen Kernelemente zu konzentrieren.

## EIN FOTO GANZ ANDERS BETRACHTEN

### DAS ZIEL

Trainiere das Abstrahieren und löse dich davon, alles, was du siehst, sofort mit etwas zu verknüpfen, das du schon kennst.

### ZEITLICHER RAHMEN

20 Minuten

### DU BRAUCHST

ein Foto deiner Wahl und die folgenden Seiten (oder ein Notizbuch).

### SO GEHT'S

Betrachte dein ausgewähltes Foto eingehend. Löse dich von dem Inhalt darauf und versuche stattdessen, auf folgende Dinge zu achten:

- Welche Farbpalette bietet das Foto? Gibt es zwei oder drei Hauptfarben, die das Foto dominieren?
- Findest du eher harte Linien (z.B. bei Gebäuden) oder mehr natürlich geschwungene Formen?
- Welche Muster finden sich auf dem Foto oder lassen sich aus den Linien darauf ableiten?
- Welche geometrischen Formen findest du in dem Foto vor?
- Welche Kontraste sind zu erkennen (zum Beispiel Licht – Dunkelheit, groß – klein, hart – weich)?

Halte all deine Eindrücke auf den folgenden Seiten (oder in deinem Notizbuch) fest: Gib die Farben des Fotos wieder, zeichne die Linien, Formen und Muster, die du darauf entdeckt hast, nach. Wenn du direkte Assoziationen zu bestimmten Formen und Mustern hast, halte auch diese fest.

Dieses schöne Fleckchen Erde befindet sich übrigens in Albanien an der Vjosa.

**LINIEN NACHZIEHEN:**

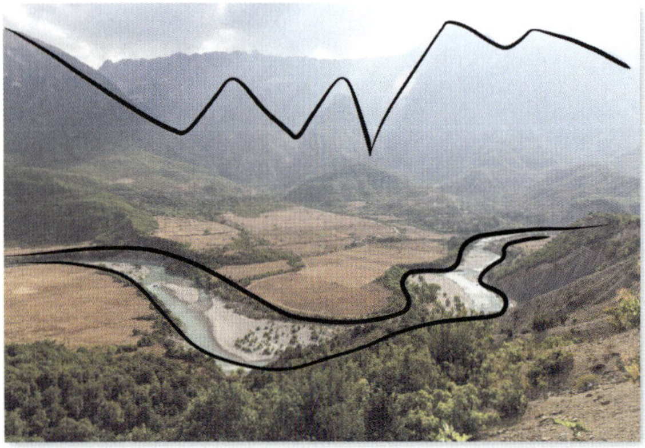

Du kannst dich auf unterschiedliche Elemente im Bild konzentieren und wirst immer wieder neue Linien zum Hervorheben finden.

Solltest du Probleme haben das Foto zu abstrahieren und dazu neigen, es doch immer wieder inhaltlich zu betrachten, dann versuche einmal, das Foto auf den Kopf zu drehen.

**HAUPTFARBEN:**

**ABGELEITETE MUSTER:**

Zick-Zack-Linie der Bergspitzen

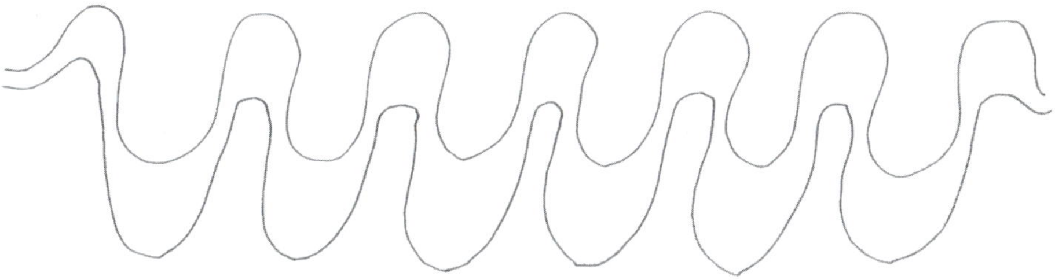

Geschwungene Linien des Flusslaufes

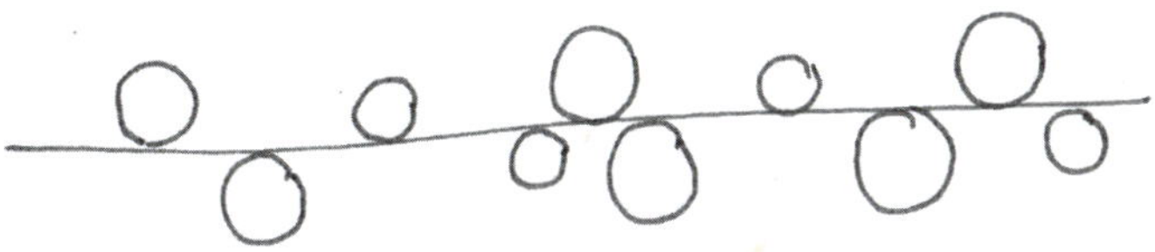

Runde Linsenreflexionen und Sonnenstrahlen bringen ein Zusammenspiel von Kreisen und Linien hervor.

# Die Relevanz hinterfragen

Manchmal verlieren wir uns in Dingen, die sich aktuell als „essenziell" und „dramatisch" anfühlen. Wir setzen viel Zeit, Energie und Ressourcen ein, um uns mit diesem Thema zu beschäftigen, auch wenn es „nur" in den Gedanken stattfindet. Der Fokus liegt stark auf einer Sache!

Zoomst du einmal heraus, könntest du feststellen, dass diese Themen vielleicht gar nicht die Relevanz haben, nach der es sich für dich gerade anfühlt. Vielleicht ist es gar nicht so wichtig für deinen aktuellen Alltag? Vielleicht gar nicht von Bedeutung für deinen Lebensweg? Vielleicht gar nicht entscheidend für deine persönliche Zufriedenheit? Da das Rauszoomen nicht immer leichtfällt, hilft es, dir deinen Alltag als Roman vorzustellen – als einen Roman, in dem du die Hauptrolle spielst.

Was würde in diesem Roman geschrieben werden, wenn er von deinen aktuellen Themen erzählte? Vielleicht merkst du, dass manche Themen in einem Roman kaum eine Bedeutung haben würden, langweilig wären oder gar nicht erst vorkommen würden. Prüfe Sätze wie:

„Und dann hat sie 10.000 € mehr verdient." – „Und ihr Leben wurde viel erfolgreicher, weil sie wieder einmal Überstunden machte." – „Sie war eine schlechte Mutter, weil die Küche nicht aufgeräumt und die Socken nicht zusammengelegt waren." – „Für ihr neues Profilbild hat sie weniger Likes auf Instagram bekommen als für das alte." – „Als sie vom Strand heimkehrte, stellte sie fest, dass das Schild ihres Bikinis die ganze Zeit herauslugte, und sie dachte: Wie peinlich!"

Geht es in einem mitreißenden Roman, in einer bedeutenden Lebensgeschichte um solche Themen? Mache die folgende Übung einmal schriftlich, aber frage dich auch immer wieder, sozusagen als Realitätscheck, wenn dich ein Thema gerade sehr beschäftigt: *Wie würde das in einem Roman klingen?*

# DEIN ALLTAG ALS ROMAN

## DAS ZIEL

Überprüfe die Relevanz deiner Gedanken und deiner aktuellen Themen.

## DU BRAUCHST

einen Stift und die folgenden Seiten.

## ZEITLICHER RAHMEN

15 Minuten

## SO GEHT'S

Was bewegt dich gerade? Was stresst dich im Alltag? Schnappe dir einen Stift und lege los: Wie würden die Sätze und Themen, die dich aktuell beschäftigen, in einem Roman stehen?

Notiere dir die Themen, die dich aktuell beschäftigen. Ganz egal, ob sie dir Sorgen bereiten oder ob es nervige To-dos sind bzw. Projekte, auf die du große Lust hast. Schreibe zu jedem Thema zwei bis drei Sätze so auf, als würdest du es in einem Roman beschreiben. Fühlt sich das passend an? Sind es Themen, die für einen Roman von Bedeutung sind?

Wenn du merkst, dass diese Themen in einem Roman keinen Platz hätten, überlege dir: Wie könntest du diese Sätze umschreiben, sodass es um etwas wirklich Bedeutsames geht? Oder kannst du sie einfach streichen? Was wäre stattdessen wichtig und interessant?

# Wie geht es jetzt weiter?

Du bist am Ende des Buches angekommen – wow! Du hast wahrscheinlich schon einige oder vielleicht auch alle Übungen gemacht und fragst dich, wie es weitergeht?

Du hast einen Einstieg ins Thema Selbstfürsorge gewagt, weißt nun, was wichtig ist, und hast mit den Übungen auf kreative und achtsame Art und Weise die ersten Schritte gemacht. Vielleicht hast du aus den Übungen ja sogar schon eine kleine tägliche, wöchentliche oder zweiwöchentliche Routine entwickelt? Das wäre ein toller Anknüpfungspunkt, denn: Jetzt geht es darum, das Verinnerlichte im Alltag nicht aus den Augen zu verlieren.

Nimm das Thema ernst, aber ohne verbissen zu sein, mit einem liebevollen Blick auf dich selbst und mit viel Freude am Dazulernen! Es ist unglaublich wichtig, dass du dranbleibst, ein Feingefühl für dich und deine Bedürfnisse entwickelst, und die Selbstbestimmtheit findest, um Letzteren aktiv im Alltag nachzugehen. Es zahlt sich aus: für deine Zufriedenheit, aber auch für deine Familie und deine Mitmenschen. Denn nur wenn du innerlich gestärkt und in deiner Mitte bist, kannst du auch langfristig für andere da sein.

Dieses Buch kann der erste Schritt sein, deiner Selbstfürsorge eine größere Priorität in deinem Leben einzuräumen – es muss aber definitiv nicht der letzte sein! Beobachte, welche Erkenntnisse und Impulse du mitnehmen kannst und wie du diese ganz konkret in deinen Alltag umsetzt – denn die Umsetzung ist das A und O.

Nimm dir an dieser Stelle die Zeit zu reflektieren: Was habe ich aus dem Buch mitgenommen? Was hat mir gutgetan? Was hat mir Freude bereitet? Bei welcher Übung konnte ich so richtig entspannen?

Schnappe dir einen Stift und notiere deine Gedanken, zum Beispiel auf den folgenden Notizseiten (oder auf einem anderen Blatt). Und dann nutze sie, um in die nächsten Wochen zu schauen: Welche Übungen möchte ich noch ausprobieren? Was möchte ich wiederholen? Zu welchem Thema möchte ich mir noch weiteres Wissen aneignen oder mir Unterstützung suchen?

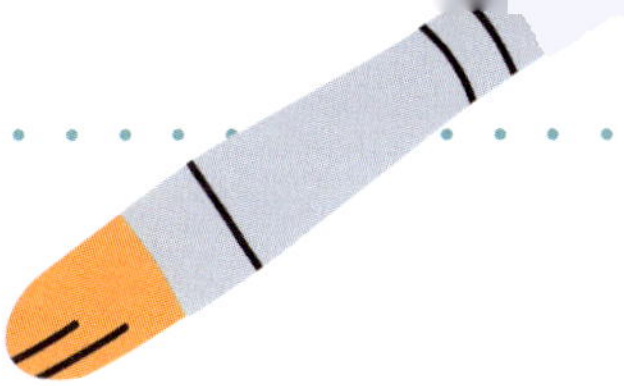

Auch wenn du schon alle Übungen aus dem Buch gemacht hast: Die Übungen verfestigen sich durch Wiederholungen und werden dich dabei zu immer wieder neuen Ergebnissen führen. Es gibt Übungen, bei denen eine Wiederholung auf den ersten Blick nicht sinnvoll erscheint. Doch es kann unglaublich interessant sein, sie nach einigen Monaten noch einmal zu machen und zu entdecken, wie sich deine Antworten und Ergebnisse verändert haben. Und natürlich gibt es noch viele weiterführende Möglichkeiten, dich bewusst mit deiner Selbstfürsorge auseinanderzusetzen, auf kreative oder auch achtsame Art und Weise. Hinter jeder kleinen Übung aus diesem Buch steht ein größeres, oft vielschichtiges Thema, das einen enormen Unterschied in deinem Alltag machen kann.

Die Verantwortung liegt in deinen Händen: Recherchiere zu Themen, über die du mehr wissen möchtest, begib dich auf die Suche nach Lösungen und hole dir Unterstützung – aus dem Freundeskreis, von der Familie oder von einer externen Begleitung.

Viel Freude auf deinem ganz persönlichen Weg zu mehr Leichtigkeit wünscht dir deine

Sinah

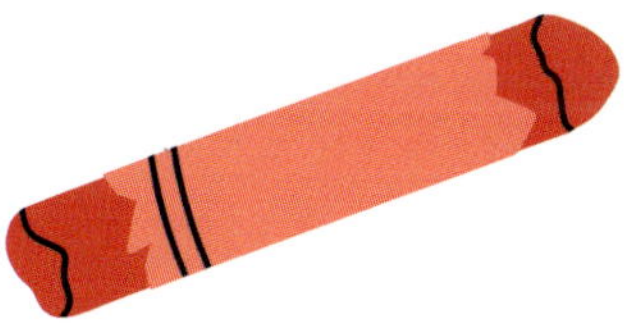

Bekomme den Kopf frei,
finde innere Ruhe
und die Verbindung
mit dir selbst!

kreativgefühl
mit Sarah

**kreativgefühl**

www.kreativgefuehl.de

Instagram: kreativgefuehl

YouTube: kreativgefühl

E-Mail:
kontakt@kreativgefuehl.de

# ÜBER DIE AUTORIN

Geboren 1993 in Hamburg, konnte ich mich schon als kleines Mädchen stundenlang mit Papier, Kleber und Schere beschäftigen – und das hat sich bis heute nicht geändert. Kreative Techniken für wohltuende Auszeiten im Alltag kombiniere ich in meiner Arbeit mit Achtsamkeitstraining und persönlicher Weiterentwicklung.

Als Coach (emTrace®) für emotionale Leichtigkeit und innere Ausgeglichenheit sowie mit meinem Hintergrund als Kreativtherapeutin begleite ich Frauen auf ihrer Reise zu sich selbst. Die Verbindung von kopflastiger Weiterentwicklung, haptischer Kreativarbeit mit Pinsel und Stift sowie einer riesigen Portion an „Fühlarbeit", um auch tiefgehende Veränderungen im alltäglichen Wohlbefinden zu erreichen, zeichnet meine Arbeit in Kursen, Mentoring-Programmen und direkter Begleitung aus.

Die Reise zu dir selbst darf kreativ sein und Spaß machen, dich deinen Alltag wieder genießen lassen und individuell auf dich zugeschnitten sein. Hunderte Frauen habe ich in dieser Art und Weise in den letzten Jahren schon begleitet.

Unter dem Label *kreativgefühl* findest du inspirierende Inhalte in den Sozialen Medien – auf YouTube, Instagram oder im persönlichen Newsletter. Hole dir dort weitere Inspiration, Motivation und neue Impulse für deinen Weg zu mehr kreativer Selbstfürsorge.

Und wenn du bei *kreativgefühl* vorbeischaust: Nimm Kontakt auf, teile deine Erfahrungen und Ergebnisse aus dem Buch. Ich freue mich, von dir, deinem Weg und deinen Gedanken zu lesen!

**Deine Sinah Birkner**

# BUCHEMPFEHLUNGEN FÜR DICH

ISBN 978-3-7724-3116-6

ISBN 978-3-7358-5063-8

ISBN 978-3-7358-5062-1

ISBN 978-3-7358-5110-9

ISBN 978-3-7358-5107-9

ISBN 978-3-7358-5129-1

ISBN 978-3-7358-5111-6

ISBN 978-3-7358-5138-3

ISBN 978-3-7724-4654-2

*Viele weitere Kreativ-Bücher findest du auf www.TOPP-kreativ.de*

ISBN 978-3-7724-4976-5

ISBN 978-3-7358-5030-0

ISBN 978-3-7358-5253-3

ISBN 978-3-7358-5261-8

ISBN 978-3-7358-5185-7

ISBN 978-3-7724-4400-5

ISBN 978-3-7358-5277-9

ISBN 978-3-7724-4551-5

ISBN 978-3-7724-4369-5

# #TOPPPROJEKT

Die eigene Kreativität zeigen: TOPPprojekt mit anderen Kreativen teilen und Teil der Gemeinschaft werden.

DIY-begeistert und auf Instagram? Dann unbedingt mitmachen! Hier gibt's Tipps und Feedback zu den eigenen Projekten. Außerdem verlosen wir jeden Monat ein Überraschungspaket. Um am Gewinnspiel teilzunehmen, einfach ein Bild vom Kreativ-Projekt aus unseren Büchern mit #TOPPprojekt posten und unserem Account @frechverlag folgen. Mehr Infos auf TOPP-kreativ.de/TOPPprojekt

Mach mit beim
**#TOPPPROJEKT**
#TOPPprojekt
@frechverlag

### Website
Auf TOPP-kreativ.de kannst du ein riesiges Angebot von über 1.000 Kreativbüchern, Sets & mehr entdecken.

### Newsletter
Gleich anmelden unter: TOPP-kreativ.de/newsletter und immer als Erstes von unseren Neuheiten und Sonderaktionen erfahren.

### Instagram
@frechverlag

### Pinterest
pinterest.com/frechverlag

### Facebook
facebook.com/frechverlag

### DigiBib
Hier findest du zusätzlich zu vielen unserer Bücher digitale Extras, wie Video-Tutorials, Plotter-Dateien, Vorlagen, Übungsblätter & vieles mehr. Einfach im Impressum deines TOPP-Buchs den Freischalte-Code nachschlagen und exklusive Inhalte freischalten. TOPP-kreativ.de/digibib

### Youtube
youtube.com/frechverlag

# WER WIR SIND, WIE WIR ARBEITEN, WAS WIR LIEBEN ...

Auf Instagram, Facebook und Pinterest findest du mehr über uns und unsere Arbeit und wirst immer schnell und einfach mit den neuesten Infos versorgt.

Alle News, alle Infos und alle Links findest du auf www.TOPP-kreativ.de

# IMPRESSUM

FOTOS UND ILLUSTRATIONEN: Sinah Birkner
PRODUKTMANAGEMENT UND LEKTORAT: Stephanie Iber
COVERGESTALTUNG: Eva Hook unter Verwendung von Illustrationen von Shutterstock/GoodStudio
LAYOUTENTWURF UND SATZ: Arnold und Domnick, Leipzig
HERSTELLUNG: Heike Köhl
DRUCK UND BINDUNG: Neografia, Slowakei



Vollständig überarbeitete Neuauflage von TOPP 5087, „Täglich kreativer"
4. Auflage 2025

produktsicherheit@frechverlag.de

ISBN 978-3-7358-5077-5 ♥ Best.-Nr. 25077

MIX
Papier | Fördert gute Waldnutzung
FSC® C020353

Penguin Random House Verlagsgruppe
FSC® N001967